PALAIS DE L'INDU[STRIE]

(CHAMPS-ÉLYSÉES)

UNION CENTRALE

DES

BEAUX-ARTS APPLIQUÉS

A L'INDUSTRIE

EXPOSITION

DE

1865

CATALOGUE

DES ŒUVRES ET DES PRODUITS MODERNES

Prix : 1 fr. 50 cent.

PARIS

A LA LIBRAIRIE CENTRALE

24, boulevard des Italiens, 24

1865

UNION CENTRALE

DES

BEAUX-ARTS APPLIQUÉS

A L'INDUSTRIE

EXPOSITION

DE

1865

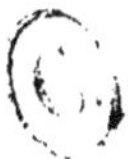

PARIS. — IMPRIMERIE WALDER, RUE BONAPARTE, 44.

PALAIS DE L'INDUSTRIE

(Champs-Élysées)

UNION CENTRALE

DES

BEAUX-ARTS APPLIQUÉS

A L'INDUSTRIE

EXPOSITION

DE

1865

CATALOGUE

DES ŒUVRES ET DES PRODUITS MODERNES

Prix : 1 fr. 50 c.

PARIS

A LA LIBRAIRIE CENTRALE

24, Boulevard des Italiens, 24

. 1865

L'Exposition est ouverte tous les jours de 10 à 5 heures.

Le Dimanche, le prix d'entrée est de 25 centimes.

Le Vendredi, de 1 franc.

Tous les autres jours de la semaine, le droit d'entrée est fixé à 50 centimes.

Des cartes d'entrée personnelles pour toute la durée de l'Exposition seront délivrées, au prix de 20 francs chacune, aux personnes qui en feront la demande.

DIVISION DE L'EXPOSITION

L'Exposition se divise en six groupes :

I. AU REZ-DE-CHAUSSÉE, dans la grande nef, sont exposées les productions des industries d'art.

II. AU PREMIER ÉTAGE, dans les galeries qui s'étendent à droite du grand salon central, se trouvent les peintures décoratives ; les dessins qui servent de modèles aux industries d'art; les gravures, les lithographies, la photographie ; les plâtres, les cires, d'après lesquels l'orfévrerie, le bronze, etc., exécutent leurs produits.

III. Dans les galeries qui s'étendent à gauche du grand salon, et au pourtour de la galerie qui règne sur le jardin, sont exposés les envois des écoles et des classes de dessin de Paris et des départements.

IV. Dans le grand salon sont placées les œuvres des artistes et des fabricants qui ont pris part aux concours ouverts par l'Union centrale.

V. Dans l'aile transversale de l'ouest, et en retour dans les premières galeries du nord, sont installées : 1° les collections de tous les arts décoratifs des grandes époques précédentes, les plus propres à fournir de féconds enseignements aux artistes contemporains.

VI. 2° Des collections de dessins et de modèles originaux pour l'industrie et la décoration, laissés par les anciens maîtres.

INTRODUCTION

I

Quelques mots sur l'Union centrale des Beaux-Arts appliqués à l'Industrie.

Paris, 10 août 1865.

Qu'il nous soit permis, avant de parler de l'Exposition qui s'ouvre aujourd'hui, d'entretenir le public de la société qui l'a organisée.

L'Union centrale est bien jeune, mais sa courte histoire compte déjà quelques faits importants qu'elle s'honore d'inscrire dans ses naissantes annales.

Ce sont les documents originaux eux-mêmes qui constatent ces faits que nous allons mettre successivement sous les yeux du lecteur, tantôt analysés, tantôt textuels et entiers, mais toujours sans commentaires.

De cette manière, quiconque voudra les parcourir

pourra se former soi-même, loin de la recevoir toute faite, une idée nette, précise et vraie sur les hommes qui travaillent et les choses qui se font au sein de l'Union centrale des beaux-arts appliqués à l'industrie.

***

Après quatre-vingts jours de durée, l'Exposition de 1863, organisée par les mêmes hommes qui depuis ont fondé l'Union centrale, était sur le point de se clore, lorsque, le 1er décembre, parut au *Moniteur* un rapport adressé à l'Empereur par M. le ministre de l'agriculture, du commerce et des travaux publics. Son Excellence, après y avoir rappelé au chef de l'Etat qu'il avait honoré deux fois de sa visite cette Exposition, ajoutait :

« Votre Majesté n'a pas seulement daigné approuver l'ordonnance ample, ingénieuse et méthodique de cette Exposition ; elle a constaté avec intérêt les progrès qu'elle révèle, dans l'application à des objets d'une destination domestique et usuelle, des règles de l'élégance et du bon goût. Votre Majesté s'est montrée surtout satisfaite de ce que cette œuvre, très-opportune dans les conditions actuelles de la concurrence, ait été projetée, organisée et conduite à bonne fin par l'initiative privée, en dehors de toute participation du gouvernement.

« C'est un pas heureux fait dans la voie que traçait Votre Majesté lorsque, dans un discours mémorable, adressé, après l'Exposition de Londres, aux industriels français, elle provoquait l'industrie nationale à s'affirmer avec plus de confiance et à ne pas chercher ailleurs qu'en elle-même son point d'appui.

« Trop juste pour ne pas convaincre, trop élevé pour ne pas entraîner, ce langage a été entendu par une réunion d'hommes habiles, intelligents et désintéressés, qui, en fondant à leurs risques et périls l'Exposition des arts industriels, ont donné un exemple utile et digne de l'approbation de Votre Majesté.

« C'est pour constater cette approbation que, d'accord avec Son Excellence le ministre de la maison de l'Empereur et des beaux-arts, j'ai l'honneur de proposer à Votre Majesté d'accorder la décoration de la Légion d'honneur à M. E. Guichard, président de la Commission d'organisation de l'Exposition... »

Ce rapport, si honorable et si encourageant pour la Commission tout entière, était approuvé par un décret impérial du 30 novembre 1863.

*

Quelques jours après, le 13 décembre, à la distribution des récompenses qui suivait la clôture de l'Exposition, M. Guichard prononçait ce discours :

MESSIEURS LES EXPOSANTS,

« Votre Commission d'organisation est arrivée au terme de ses travaux, en ce qui regarde spécialement l'Exposition de 1863, et c'est en son nom que je viens vous en rendre un compte succinct.

« Bien que les points que j'ai à mettre en lumière soient nombreux, et que tous me semblent d'un haut intérêt, je serai bref et ne toucherai qu'aux sommités des choses.

« L'Exposition qui s'achève, et pour ainsi dire se couronne aujourd'hui, rappelle, si vous me permettez cette comparaison, ces beaux arbres des zones tropicales qui se montrent chargés à la fois de fruits mûrs et de fleurs.

« Examinons d'abord les premiers, constatons les résultats acquis; nous caresserons ensuite, d'un regard d'espérance, les fécondes promesses de l'avenir.

« Avant tout et sur toutes choses, applaudissons-nous de l'auguste protection qui, au milieu de nos laborieux efforts, est venue tout à coup prononcer son *fiat* décisif. L'idée de faire par nous-mêmes existait sans nul doute chez nous, mais elle n'avait pas sa formule. Un génie tout moderne nous l'a fournie et nous nous en sommes emparés aussitôt. Vous l'avez tous lue écrite au milieu de la grande nef du palais, et tous vous l'avez gravée dans votre mémoire.

« L'Empereur a fait plus encore, il est venu deux fois au milieu de nous; par sa présence, il a consacré et comme sanctionné notre œuvre à tous; enfin, mettant le comble à ses bontés, il a chargé le Jury de vous décerner, en son nom, cinq prix d'honneur : cinq médailles d'or frappées aux armes de l'Empire.

« Cependant l'Impératrice, dès avant l'ouverture de l'Exposition, avait daigné nous accorder cinq médailles d'or, dons précieux de son cœur maternel; car Sa Majesté vous les destinait, jeunes élèves des écoles de dessin de Paris et des départements, et elles vont vous être remises dans un instant au nom du Prince Impérial.

« De son côté, s'inspirant de ces bienveillances souveraines, M. le ministre de l'agriculture, du commerce et des travaux publics, que je me fais un devoir doux et sacré de remercier ici publiquement de la haute distinction qu'il a bien voulu demander pour moi à Sa Majesté l'Empereur, l honorable M. Béhic, dis-je, après avoir visité lui-même l'Exposition et l'avoir fait étudier par un des hommes les plus compétents de son département ministériel, a mis à la disposition du Jury toutes les médailles de 1re, 2e et 3e classe que vont recevoir ceux d'entre vous que le Jury a jugés dignes d'obtenir ces récompenses officielles.

« Et remarquez bien cette délicate nouveauté : ces récompenses, je le répète, sont officielles; elle viennent sanctionner au nom de l'État une tentative privée ; et cependant la main qui les donne se cache discrètement et nous laisse le plaisir de vous les distribuer.

« A ce propos, et afin que vous ne doutiez pas d'une intention bien marquée de la part du pouvoir, laissez-moi vous confier un secret, commettre même une indiscrétion, qui , je l'espère, me sera pardonnée. M. le ministre du commerce et des travaux publics eût peut-être présidé lui-même cette solennité, si Son Excellence n'avait pas tenu à laisser agir ici, toute seule et jusqu'au bout, l'initiative individuelle.

« Un témoignage de la plus précieuse sympathie, un encouragement chaleureux à persévérer nous sont encore venus d'un autre côté : nous parlons du grand prix de 1,500 fr., que les trente et une chambres syndicales de l'Union nationale ont offert à la Commission d'organisation pour être décerné au plus méritant, et que vous allez voir donner à un vétéran de l'art et de l'enseignement qui, depuis une trentaine d'années, a formé plus de six mille élèves, au bénéfice de nos diverses industries d'art. Devant un tel fait, laissez, messieurs, votre Commission d'organisation s'applaudir d'avoir eu l'idée de convoquer ici les écoles de Paris et des départements ; laissez-la remercier le Jury d'avoir si bien préparé l'avenir en récompensant ainsi le passé.

« Enfin, et je trahis encore là un secret de famille, un de nos chers collègues de la Commission d'organisation a mis à la disposition du Jury, pour être distribués aux jeunes élèves des écoles de dessin, six livrets de la caisse d'épargne, de 50 francs chacun. L'argent qu'il a consacré à cette bonne œuvre lui venait de la location qu'il nous a faite de la grande vitrine octogone, placée au milieu du salon d'honneur pour abriter les beaux objets d'art que nous ont prêtés nos amateurs les plus distingués, et parmi lesquels vous avez tous admiré cette belle coupe que S. M. l'Empereur a nommée le vase de César. »

Ici, après avoir chaleureusement remercié toutes les personnes qui, grâce au concours le plus précieux et le plus désintéressé, avaient contribué au succès de l'Exposition : les propriétaires des collections prêtées, les membres du Jury, les écrivains de la grande presse et de la presse d'art, le président de la Commission d'organisation poursuivait ainsi :

« Tant et de si flatteuses et de si efficaces sympathies entourent-elles donc les œuvres qui ne sont pas nées viables, les institutions éphémères parce qu'elles sont inutiles?

«Mais quoi ! et dans quel but l'État vient-il apporter sa sanction à de telles entreprises? Ne fait-il pas lui-même des expositions officielles? Ne va-t-on pas d'ailleurs fatiguer le public et le refroidir jusqu'à l'indifférence et au dédain en ouvrant trop fréquemment les portes de ce palais à sa curiosité rassasiée d'expositions?

«A ces deux objections notre réponse sera courte et péremptoire.

«L'Exposition des Beaux-Arts appliqués à l'industrie ne saurait sans injustice être confondue avec les expositions industrielles qui se sont faites jusqu'à ce jour. De quoi les jurys de ces grands concours ont-ils en effet à se préoccuper? D'une foule de conditions d'un ordre également sérieux, mais de tout point étrangères à l'art. Ils manqueraient à leurs premiers devoirs s'ils ne s'enquéraient de l'importance d'une fabrication, du nombre de collaborateurs et d'ouvriers employés, du chiffre des affaires, de l'ancienneté de la maison et des récompenses antérieurement obtenues ; et c'est sur la résultante de tous ces mérites qu'ils basent leurs jugements.

« Ici rien, absolument rien de semblable.

« La beauté de la forme, l'heureux emploi des colorations, la maîtrise de l'exécution, l'art, en un mot, l'art seul, tel est l'unique témoignage invoqué par nous, l'unique élément sur lequel se fonde notre verdict.

« Un chef-d'œuvre solitaire, exposé par un artiste nouveau, par un industriel inconnu, vaut plus à nos yeux que la plus vaste des productions dont la perfection artiste n'égalerait pas l'importance commerciale. C'est ce que nous avons voulu bien faire sentir par ces mots : Beaux-Arts appliqués à l'industrie. C'est pour n'être pas assez entrés dans le programme indiqué par ce titre que plusieurs d'entre vous, messieurs, se verront privés, au grand regret du Jury et de la Commission d'organisation, de récompenses attendues, et qu'ils sauront remporter une autre fois, après avoir bien médité notre première, j'ose presque dire notre unique condition d'existence, la recherche du beau dans l'utile.

« Vous voyez donc clairement, messieurs, et nous vous prions de le répéter aux hommes d'élite que le Gouvernement charge d'organiser nos grandes expositions, vous voyez que ce que nous faisons dans notre sphère plus modeste n'est nullement un double emploi, et que nous avons bien, nous aussi, une sérieuse et légitime raison d'être. Quant à la satiété qu'il serait à craindre que n'amenât la fréquence des expositions, je pense que c'est là une appréciation chimérique, et que le public ne manquera jamais à qui pourra lui montrer des choses réellement belles, vraiment dignes de son admiration.

« En voulez-vous une preuve? N'allons pas en chercher une autre que celle que nous avons là tout près de nous, dans les salles qui s'étendent derrière ces cloisons, dans cette grande nef qui renferme tant de beaux produits et quelques ouvrages parmi les premiers de notre siècle.

« Savez-vous combien de personnes sont venues les visiter en payant à la porte le droit de les admirer? Plus de cent seize mille.

« Si nous ajoutons à ce chiffre toutes les personnes que

chaque exposant avait le droit de faire entrer gratuitement, et les élèves des écoles, des pensions et des colléges, nous pouvons hardiment porter à deux cent mille
le nombre des visiteurs de notre Exposition, et encore il
n'a pas dépendu de nous de la faire cette année dans une
saison plus favorable.

« Quant aux recettes de toute nature, elles montent
approximativement à la somme de 77,000 fr. : les frais
s'étant élevés à 52,000 fr. environ, les bénéfices pourront
être de 25,000 fr.

« Cette somme, vous le savez, est la propriété de la Caisse
de secours des Inventeurs et Artistes industriels, fondée
par M. le baron Taylor, notre président d'honneur (1).

(1) En 1863, la Société de l'Union centrale des Beaux-Arts appliquée à l'industrie n'étant pas encore fondée, la Commission d'organisation avait eu recours à l'entremise de M. le baron Taylor pour
lui obtenir du ministre de la maison de l'Empereur le Palais de
l'Industrie, à l'effet d'y installer l'Exposition. Les conditions du concours prêté par l'honorable baron étaient : 1° qu'il serait président
d'honneur de l'Exposition ; 2° que si l'Exposition entraînait un déficit, ce déficit serait comblé par la Commission ; que s'il y avait
des bénéfices, ils appartiendraient intégralement à l'une des caisses
de secours fondées par lui.

Ces conditions ont été religieusement remplies par la Commission
qui se déclare heureuse d'avoir pu faire bénéficier d'une somme importante la caisse de secours des Inventeurs et Artistes industriels,
laquelle lui est absolument étrangère.

Aujourd'hui, tout en regrettant de n'avoir pu prendre avec M. le
baron Taylor les arrangements dont il est question plus haut, les
fondateurs de l'Union centrale témoignent leur profonde et publique
gratitude à Son Exc. le ministre de la maison de l'Empereur et des
Beaux-Arts de leur avoir accordé directement le Palais pour l'Exposition de 1865. Ils sentent vivement à quels immenses efforts une

Je me hâte d'ajouter que votre Commission d'organisation a l'espoir de prendre, en ce qui concerne nos expositions futures, avec l'honorable créateur de tant de Sociétés de bienfaisance, des arrangements qui vous satisferont pleinement et nous aideront à établir sur une base solide et durable l'institution que nous rêvons tous, et dont la promesse certaine est renfermée dans la réussite elle-même de cette Exposition.

« Restons donc unis, aujourd'hui que nous avons appris à nous connaître, à nous aimer, à nous estimer ; ouvrons nos rangs à de nouveaux adhérents choisis parmi l'élite de nos artistes et de nos industriels ; ils viendront aujourd'hui qu'il leur est démontré que, par nos efforts communs, nous avons atteint à un résultat que nous n'aurions pas osé espérer il n'y a guère plus de trois mois, aujourd'hui qu'une voix partie de si haut nous crie : Marchez ! et semble ajouter : Je ne vous abandonnerai pas.

« Je finis, messieurs.

« Ce n'est pas sans une profonde émotion que j'ai pris la parole aujourd'hui devant vous, et je n'ai nul besoin, j'en suis convaincu, de vous dire, à vous qui êtes des hommes de cœur, d'où me vient cette émotion... Qui ne l'éprouverait comme moi, si, comme moi, artiste obscur, il se voyait tout à coup honoré par une auguste bienveillance de la plus haute des récompenses, et soudainement appelé, par la force des circonstances, à de grands et de sérieux devoirs ?

telle faveur oblige la société qu'ils dirigent : hors de tutelle désormais et en pleine possession d'elle-même, elle les tentera.

«Si quelque chose peut m'encourager dans leur accomplissement, c'est que je ne suis pas seul, c'est que je me sens entouré d'hommes dévoués et désintéressés, mes honorables collègues de la Commission; c'est que je compte toujours, messieurs les exposants, sur votre indispensable concours, comme sur l'appui de tous ceux qui applaudissent aux jeunes tentatives de l'initiative individuelle; c'est que j'espère que vous me continuerez votre confiance, à moi qui ne me considère que comme le drapeau décoré d'une légion victorieuse, à chacun des soldats de laquelle revient une part du succès obtenu et de l'honneur conquis. »

On lisait dans le *Moniteur* du 15 janvier 1864 :

« Mercredi dernier, un mois jour pour jour après la clôture de l'Exposition des Beaux-Arts appliqués à l'industrie, une vingtaine d'exposants se sont rendus au siége provisoire de la nouvelle Société, rue du Sentier, n° 8, pour remettre aux membres de la Commission d'organisation les médailles qui leur ont été offertes par les exposants.

«M. Bitterlin fils, entouré des vingt promoteurs de cette juste manifestation, a prononcé les paroles suivantes :

« Monsieur le président, messieurs les membres de la Commission d'organisation,

« Dans le courant de novembre dernier, en présence du succès de l'Exposition, un grand nombre d'exposants pensèrent qu'il était bon et juste de vous donner, à vous dont les soins avaient préparé et assuré ce succès, un témoignage public de leur gratitude.

« Chargés par eux de réaliser ce désir, nous écrivîmes la circulaire suivante :

« *Nous, soussignés, qui avons apporté nos ouvrages et nos produits au palais des Champs-Elysées pour constituer la présente* Exposition des Beaux-Arts *appliqués à l'industrie, ayant vu avec quelle louable assiduité et quelle heureuse intelligence la Commission d'organisation a mené à bien cette difficile entreprise ; sachant d'ailleurs avec quel parfait désintéressement elle y a consacré ses soins et ses peines ; espérant en outre que d'une épreuve aussi bien réussie elle saura faire sortir, au plus grand avantage de tous, quelque institution utile et durable : nous avons, afin de lui marquer notre gratitude pour les services déjà rendus et notre confiance quant à l'avenir, ouvert parmi nous, comme parmi tous ceux qui aspirent au même but que nous, une souscription de 1 fr. par personne, à l'effet d'offrir, au moyen de la somme qui en proviendra, une mé-*

*daille d'argent à MM. Bergon, Chocqueel, Frago-
nard, Gros, Hermann, Lefebure fils, Lenfant, Lerolle, Mazaroz, Mourey, Sajou, Schœffer-Érard,
Turquetil, Veyrat, membres de ladite Commission,
et une médaille d'or à M. Guichard, son honorable
président.*

*« Et de peur de blesser en rien les justes susceptibi-
lités de notre bien méritante Commission, les souscriptions se feront hors du palais de l'Industrie, et
seront reçues chez les soussignés qui s'honorent d'être
les promoteurs de cet acte de justice, de ce devoir qu'il
leur est doux d'accomplir. »*

Cette circulaire était signée par les vingt exposants
dont les noms suivent :

« Barye, Bitterlin fils, Choiselat, Deck (Théodore),
Genlis et Rudhardt, Gonelle frères, Gonon, Jeannin.
Jeanselme fils, Godin et Cie, Klagmann, Lequein fils,
Marienval, Miroy frères, Portalès, Pull, Riester, Rigolet
(René), Rousseau, Sauvrezy, Sax (Adolphe). »

Un *post-scriptum* portait :

*« Les noms des souscripteurs seront gravés sur une
plaque de métal qui sera déposée au* Musée des
Beaux-Arts appliqués à l'industrie, *pour y être
conservée comme un témoignage de notre accord ac-
tuel, un conseil toujours présent d'y persévérer, et*

*un noble encouragement pour des hommes de cœur,
à poursuivre avec un redoublement d'énergie une
tâche belle entre toutes, utile au pays, et dictée en
quelque sorte par le chef de l'État.*

« Aujourd'hui, Messieurs, nous sommes heureux de vous l'annoncer, notre appel a été entendu et de toute part on s'est empressé d'y répondre. Une grande majorité, parmi les exposants de Paris, nous a remis directement sa souscription. Ceux des départements nous ont adressé la leur avec les lettres les plus sympathiques. En outre, près de quatre cents adhérents, qui ne figuraient pas à l'Exposition, ont tenu à prendre part à cette manifestation.

« C'est donc, comme en fera foi la plaque de bronze qui sera bientôt gravée, c'est donc au nom d'environ sept cent cinquante producteurs qui tiennent les premiers rangs dans les diverses carrières des beaux-arts appliqués à l'industrie que nous venons vous prier d'accepter ces médailles.

« Nous avons rehaussé encore leur valeur morale, nous leur avons donné comme une âme et une voix en y faisant graver les significatives paroles de l'Empereur sur la mission féconde que le Souverain a confiée à l'initiative individuelle.

« Si, devant les difficultés que vous rencontrerez dans la fondation de la Société des Beaux-Arts appliqués à l'industrie, il vous venait quelque défaillance, relisez ces paroles, et votre énergie réveillée saura accomplir sa tâche.

« La remise que nous vous faisons de ces médailles

ne peut être pour nous une occasion de vous apporter des conseils, d'essayer de vous imposer un mandat. Loin de nous cette pensée ! Nous vous avons vus à l'œuvre ; nous vous avons vus, franchissant les limites du désintéressement, vous mettre vous-mêmes hors de concours et renoncer ainsi à des récompenses certaines. Le passé nous répond donc de l'avenir, et nous restons pleins de confiance en vous.

« Permettez-nous seulement d'attirer votre attention sur deux points essentiels :

« Le premier, c'est le vœu formé par la plupart des souscripteurs de pouvoir, dans les expositions futures, nommer eux-mêmes leur Jury au scrutin secret. C'est là une conséquence qui nous semble naître naturellement de l'initiative privée.

« Le second souhait que nous formons tous, sans exception, c'est qu'au besoin vous en appeliez à un pouvoir équitable et qui vous a montré la plus parfaite bienveillance, pour obtenir de lui que nos expositions à venir, faites dans le Palais de l'Industrie, restent indépendantes de toute ingérence étrangère, et que leur produit tout entier, sauf le juste prélèvement de la charité, soit désormais exclusivement consacré au développement d'institutions qui ne peuvent que rendre plus intime l'union du beau et de l'utile. »

M. Guichard, en quelques mots sentis et émus, a remercié les exposants d'une marque aussi précieuse de sympathie et d'encouragement. Il leur a dit que la Commission d'organisation poursuivrait l'œuvre ébauchée, avec d'autant plus d'énergie et de confiance dans un utile résultat, qu'elle se sentait plus forte par le concours et l'appui que lui apportaient spontanément les honorables mandataires de la grande majorité des exposants.

Les médailles ont été ensuite distribuées au président et à chacun des membres de la Commission ; elles sont charmantes et nouvelles.

Sur une face, au pourtour, sont gravés les mots : *Exposition des Beaux-Arts appliqués à l'industrie*, 1863. Au milieu : *Hommage des exposants à M...,* *membre de la Commission d'organisation.*

Mais ce qui justifie cette qualité de nouveauté dont nous parlions tout à l'heure, c'est le cartel à fond mat sur lequel s'enlèvent en relief, au revers de la médaille, les significatives paroles de l'Empereur :

L'INITIATIVE INDIVIDUELLE, S'EXERÇANT AVEC UNE INFATIGABLE ARDEUR, DISPENSE LE GOUVERNEMENT D'ÊTRE LE SEUL PROMOTEUR DES FORCES VITALES D'UNE NATION.... STIMULEZ CHEZ LES INDIVIDUS UNE SPONTANÉITÉ ÉNERGIQUE POUR TOUT CE QUI EST BEAU ET UTILE : TELLE EST VOTRE TACHE.

Voici en outre un détail intéressant : les promoteurs de cet acte aussi honorable pour ceux qui ont reçu ce témoignage de gratitude que pour ceux qui l'ont offert, ont tenu à tout faire exécuter en famille. C'est à M. Massonnet, un exposant, qu'est due l'exécution des médailles ; MM. Jardin-Blancoud, encore des exposants, ont bien voulu se charger de la gravure de la table de bronze ; enfin, M. Beaudoire-Leroux, un exposant aussi, reliera en un beau volume toutes les feuilles de souscription. »

Aujourd'hui, l'Union centrale possède et conserve précieusement ces divers objets.

*
* *

Ces témoignages de confiance et de sympathie, apportés de tant de points différents aux membres de la Commission, étaient à coup sûr de nature à vaincre leurs dernières hésitations, si tant est qu'ils en eussent encore, à assumer sur eux la responsabilité morale et matérielle qu'entraîne nécessairement la fondation de toute grande et sérieuse institution. Ils se mirent donc résolûment à l'œuvre, et, après de nombreuses et longues séances, où fut souvent consulté leur conseil judiciaire, ils avaient achevé de rédiger les statuts de l'Union centrale des Beaux-Arts appliqués à l'industrie, quand, dans les premiers jours de mars, ils reçurent la lettre suivante :

A messieurs les membres de la Commission d'organisation de l'Exposition des Beaux-Arts appliqués à l'industrie, en 1863.

Paris, 1er février 1864.

MESSIEURS,

« Sachant que vous êtes sur le point de louer un local dans le centre de la fabrique de Paris, pour y préparer plutôt que pour y installer le musée et la bibliothèque des Beaux-Arts appliqués à l'industrie ;

« Considérant que cette fondation, lorsqu'elle sera complétée par toutes ses annexes naturelles, sera de la plus grande et de la plus incontestable utilité pour toutes les industries qui s'inspirent de l'art ;

« Considérant qu'un pareil établissement ne saurait s'improviser; qu'il faut au contraire beaucoup de temps et d'argent pour y former un musée et une bibliothèque qui soient vraiment utiles au public spécial auquel ils seront destinés ;

« Que pourtant, en attendant ce jour, il y a grand avantage à exister dès à présent, à avoir un lieu de réunion où l'œuvre ébauchée par vous puisse recevoir tous ses développements, où vous puissiez déposer les objets d'art, les modèles et les livres donnés ou acquis ;

« Attendu qu'il est bien arrêté dans vos résolutions désintéressées de ne jamais tirer aucun profit d'argent des bénéfices ultérieurs de cette fondation, que vous voulez consacrer tout entiers à l'augmentation incessante des collections; que, dès lors, il n'est pas juste de vous laisser supporter seuls des sacrifices d'argent faits dans un intérêt évidemment général, et auxquels d'ailleurs vous pourriez vous voir obligés de mettre un terme, la prudence marquant souvent des limites même au dévouement le mieux éprouvé, quand l'impuissance ne les impose pas;

« Considérant, en outre, qu'il est très-désirable d'abréger le plus possible le temps qui doit nécessairement s'écouler entre la pierre d'attente que vous êtes prêts à poser aujourd'hui et le couronnement de l'édifice, et que s'il est un moyen de suppléer au temps, c'est de réunir en un faisceau et de diriger vers le but désiré les volontés et les forces de tous ceux qui sont unis en cela avec vous de cœur, d'idées et de vues ;

« Considérant que, dans votre pensée comme dans la nôtre, ce but ne doit être poursuivi qu'au moyen des seules ressources de l'initiative individuelle ;

« Qu'il résulte d'un ensemble de faits nombreux que vous avez donné les gages les plus certains à ceux qui, comme nous, croient à l'efficacité de cette force et veulent s'appuyer sur elle ;

« Que dès lors nous nous estimons heureux que vous consentiez à fonder avec des sacrifices d'argent personnels et à gérer à titre gratuit un établissement appelé à rendre de véritables services aux industries d'art de la France ;

« Qu'en conséquence on ne saurait voir ici rien qui ressemble à une entreprise commerciale qui doive être soumise aux lois spéciales qui régissent ces sortes de sociétés ;

« Par tous les motifs qui précèdent et, de plus, à la condition expresse que vous resterez toujours Commission souveraine d'organisation et de direction, vous recrutant vous-mêmes et agissant sous votre seule et propre responsabilité morale :

« Nous soussignés, nous nous engageons à verser entre vos mains, pendant trois années consécutives, et ce, dans le mois qui suivra la demande de versement que vous nous aurez faite, une somme annuelle de cent francs, applicable aux besoins et à la fondation de l'*Union centrale des Beaux-Arts appliqués à l'industrie*, ne vous demandant en retour que le titre purement honorifique de cofondateurs, unis à la faculté d'user, durant ces trois années, des collections et de la bibliothèque, quelles qu'elles puissent être et avant même qu'elles soient ouvertes au public, mais selon les règlements intérieurs que vous établirez.

Barye, sculpteur.

Beaudoire-Leroux, relieur.

Bitterlin fils (Paul), graveur et peintre verrier.

Bonin (Pascal), directeur de l'Union nationale du commerce et de l'industrie.

Buhot, sculpteur.

Burty (Philippe), homme de lettres, rédacteur au journal *la Presse*.

Carrier-Belleuse, sculpteur.

Choiselat (Ambroise), sculpteur.

Cornu (Eugène), dessinateur attaché à la Compagnie des marbres onyx d'Algérie.

Dalloz (Paul), avocat, directeur du *Moniteur universel*.

Deck (Théodore), fabricant de faïence d'art.

Dulos, graveur.

Durenne, maître de forges.

Fouché (Joseph), dessinateur pour l'industrie, ingénieur.

Genlis et Rudhardt, artistes peintres céramistes.

Godin, fabricant de meubles.

Gonelle frères, dessinateurs pour châles.

Jardin-Blancoud, graveurs.

Klagmann (Jules). sculpteur.

Mᴀɴɢᴜɪɴ, architecte.

Mᴀʀɪᴇɴᴠᴀʟ, fabricant de fleurs artificielles.

Mᴀssoɴɴᴇᴛ, éditeur de médailles.

Mᴜssoɴ, ancien élève de l'École centrale.

Pɪᴀᴛ, sculpteur-ornemaniste.

Rɪᴇsᴛᴇʀ (Martin), dessinateur et graveur.

Rousseau (Émile), chimiste.

Rousseau (Eugène), fabricant de porcelaines et faïences
   d'art.

Sᴀᴜᴠʀᴇᴢʏ, sculpteur-ébéniste.

Sᴀx (Adolphe), fabricant d'instruments de musique.

Sᴇɢᴜɪɴ, marbrier. »

On verra plus loin combien de signatures nouvelles
sont venues s'ajouter à celles qui figurent au bas de
cette lettre. Du reste, chacun comprend l'effet qu'elle
dut faire et qu'elle fit sur les membres de la Commission.
Déjà résolus, au prix de tous les sacrifices possibles, à
tenter cette œuvre *qui ne s'improvise pas*, ils pouvaient
encore douter du succès. Ils y crurent désormais,
louèrent, au premier étage d'un des anciens hôtels de la
Place Royale, un local modeste, mais convenable pour
y placer le siége provisoire de la future Société, et pu-
blièrent ses statuts, après les avoir soumis à l'approbation de Son Excellence le ministre de l'intérieur.

Voici cette pièce fondamentale, dont le premier tirage
porte la date du 16 mars 1864.

STATUTS DE L'UNION CENTRALE

DES

BEAUX-ARTS APPLIQUÉS

A L'INDUSTRIE

Autorisée par décision ministérielle du 26 juillet 1864

PLACE ROYALE, N° 15.

> « L'initiative individuelle, s'exerçant avec une
> « infatigable ardeur, dispense le Gouvernement
> « d'être le seul promoteur des forces vitales
> « d'une nation.. Stimulez chez les individus
> « une spontanéité énergique pour tout ce qui
> « est beau et utile. telle est votre tâche. »
> (Paroles adressées par l'Empereur aux exposants de Londres, le 25 janvier 1863.)

La Commission d'organisation de l'Exposition des Beaux-Arts appliqués à l'industrie, en 1863, composée de :

MM.

E. GUICHARD ✾, architecte-décorateur, président;

FH. MOUREY, doreur et argenteur sur métaux, premier vice-président;

LEROLLE ✾, fabricant de bronzes d'art, deuxième vice-président;

Lefébure fils (Auguste), fabricant de dentelles, secrétaire;

Turquetil, fabricant de papiers peints (de la maison Turquetil et Malzard), trésorier;

Chocqueel ✻, fabricant de tapis (de la maison Réquillart, Roussel et Chocqueel);

Hermann ✻, constructeur-mécanicien;

Lenfant (J.), étoffes d'ameublement;

Mazaroz, fabricant de meubles d'art (de la maison Mazaroz-Ribaillier);

Sajou ✻, adjoint au maire du XIII⁰ arrondissement, fabricant de modèles pour tapisseries;

Schaeffer Erard, fabricant de pianos (de la maison S. et P. Erard;

Veyrat, fabricant d'orfèvrerie;

Bergon (Frédéric), banquier,

Frappée de la haute portée des paroles qui servent d'épigraphe au présent document, et après avoir médité les graves avertissements et les conseils féconds renfermés dans les textes suivants :

I

A Londres, en 1851, « on acquit généralement cette conviction que les arts étaient désormais la plus puissante machine de l'industrie; en second lieu, chaque nation prit la ferme résolution de conquérir à tout prix ce mobile de nos succès; en troisième lieu, elles formèrent ce projet avec d'autant plus de confiance qu'elles se dirent que les arts, comme les sciences, sont la propriété commune de l'humanité, et qu'en les protégeant aussi bien et mieux que la France, on pouvait atteindre aussi loin qu'elle et plus loin (1). »

(1) (Exposition universelle de 1851. Travaux de la Commission française sur l'industrie des nations, xxi⁰ jury. Rapport de M. le comte de Laborde, tome VII, page 382.)

II

« Depuis l'Exposition universelle de 1851, et même depuis celle de 1855, des progrès immenses ont eu lieu dans toute l'Europe, et bien que nous ne soyons pas demeurés stationnaires, nous ne pouvons nous dissimuler que l'avance que nous avions prise a diminué, qu'elle tend même à s'effacer. Au milieu des succès obtenus par nos fabricants, c'est un devoir pour nous de leur rappeler qu'une défaite est possible, qu'elle serait même à prévoir dans un avenir peu éloigné, si dès à présent ils ne faisaient pas tous leurs efforts pour conserver une suprématie qu'on ne garde qu'à la condition de se perfectionner sans cesse. L'industrie anglaise, en particulier, très-arriérée au point de vue de l'art lors de l'Exposition de 1851, a fait depuis dix ans des progrès prodigieux, et, si elle continuait à marcher du même pas, nous pourrions être bientôt dépassés (1). »

III

« Quels sont les moyens de soutenir la lutte qui commence ? L'École centrale procure des ingénieurs à toutes les grandes entreprises; les écoles de dessin fourniraient des artistes à toutes nos fabrications. Il y a à Paris un Conservatoire des arts et métiers, un Conservatoire de musique et de déclamation: pourquoi n'y aurait-il pas un Conservatoire-Musée d'art et de dessin appliqués à l'industrie? Des écoles de dessin existent certainement dans nos grandes villes, mais combien de centres manufacturiers en sont privés! combien peu appliquent l'étude de l'art aux dessins de fabriques, et combien manquent de cours spéciaux! Y en a-t-il une seule où l'on enseigne l'harmonie des couleurs (2)? »

(1) (Exposition universelle de 1862. Rapport des membres de la section française du jury international. Classe xxx, section 1. Rapport de M. P. Mérimée.)

(2) (Exposition universelle de 1862. Rapport des membres de la section française du jury international. Classe xxiv, section 7. Rapport de M. Félix Aubry.)

IV

« Il serait peut-être à souhaiter que l'initiative des particuliers pût constituer en France, comme cela se pratique dans un pays voisin, des compagnies indépendantes, ayant leurs franchises, ne relevant que d'elles-mêmes et vivant toutes sous la protection légale de la loi... (1). »

Afin d'entretenir en France la culture des arts qui poursuivent la réalisation du beau dans l'utile;

Afin d'aider aux efforts des hommes d'élite qui se préoccupent des progrès du travail national depuis l'école et l'apprentissage jusqu'à la maîtrise;

Afin d'exciter l'émulation des artistes dont les travaux, tout en vulgarisant le sentiment du beau et améliorant le goût public, tendent à conserver à nos industries d'art, dans le monde entier, leur vieille et juste prééminence, aujourd'hui menacée;

Espérant beaucoup de la puissance de l'initiative privée, des sympathies de la presse et de la bienveillance du Gouvernement;

Se souvenant d'ailleurs avec une profonde reconnaissance, un juste orgueil et une confiance motivée, de la médaille que sept cents exposants et adhérents lui ont offerte le 13 janvier 1864, et de l'honorable mandat

(1) (Rapport du maréchal Vaillant à l'Empereur. *Moniteur* du 6 janvier 1864.)

qu'elle a reçu d'eux *de fonder, au plus grand avantage de tous, quelque institution utile et durable :*

Ladite Commission décide :

ARTICLE PREMIER.

Elle fonde à ses risques et périls l'*Union centrale des Beaux-Arts appliqués à l'industrie,* et prend elle-même le titre de *Comité d'organisation.*

Le siége de l'*Union centrale* est provisoirement place Royale, n° 15.

ART. 2.

L'institution, fondée au centre de la fabrique de Paris, comprendra :

1° Un musée rétrospectif et contemporain ;

2° Une bibliothèque d'art ancien et moderne, où le travailleur sera, au besoin, aidé dans ses recherches ;

3° Des cours spéciaux, des études et des conférences publiques ayant rapport à l'art appliqué, et des entretiens familiers de nature à propager les connaissances les plus essentielles à l'artiste et à l'ouvrier qui veulent unir le beau à l'utile ;

4° Des concours entre les artistes français et entre les diverses écoles de dessin et de sculpture de Paris et des départements ;

5° Des expositions de collections particulières présentant à l'étude de belles applications de l'art à l'industrie.

ART. 3.

Le Comité continuera d'organiser périodiquement à Paris, sous sa responsabilité, des expositions générales ou partielles des beaux-arts appliqués à l'industrie, et il appuiera de son concours le plus dévoué les expositions régionales de même nature.

Art. 4.

Le Comité dirige et administre en toute gratuité, conformément aux décisions prises à la majorité des votants, dans les séances où il convoquera tous ses membres.

Art. 5.

Partisan convaincu des avantages de l'universalisation de l'art appliqué à l'industrie, le Comité se mettra en communication avec toutes les intelligences qui, en France, aspirent à ce progrès; il leur demandera en toute occasion le concours de leurs lumières et de leur influence; il les invitera en retour à user de toutes les ressources dont lui-même pourra disposer, il suscitera par tous les moyens en son pouvoir la fondation, dans les centres industriels de la province, d'institutions analogues à l'*Union centrale*, et dès que l'état des collections du musée et de la bibliothèque le permettra, il viendra en aide à ces institutions par des prêts de modèles et d'objets d'art.

Art. 6.

Le génie de la France étant essentiellement expansif, le Comité se mettra en relation, au moyen de correspondants d'élite, avec les établissements de même nature des peuples étrangers, et provoquera incessamment entre leurs directeurs et lui un échange amical des communications les plus réciproquement utiles.

Art. 7.

Le Comité se recrutera lui-même, et se composera de douze membres au moins et de vingt et un au plus. Toute élection d'un nouveau collègue se fera à l'unanimité et au scrutin secret.

Le règlement intérieur du Comité déterminera le mode de présentation et d'élection des candidats, et les conditions requises pour l'admissibilité.

Ce règlement déterminera également la composition du bureau du Comité, la nature des fonctions de chaque membre du bureau, comment et par qui le Comité sera représenté auprès des tiers, soit pour louer, acheter, vendre, échanger, soit pour recueillir tous dons ou souscriptions; comment et dans quelles conditions de gratuité seront organisés les cours publics, la fréquentation du musée, de la bibliothèque, des salles d'étude, etc.

Art. 8.

Tous les membres du Comité feront gratuitement les avances nécessaires à l'organisation de tout ce que le Comité se donne la tâche de fonder.

Art. 9.

Toute personne qui souscrira pour une somme de 100 francs, payable chaque année et d'avance, pendant trois ans consécutifs, jouira d'une entrée personnelle, pendant la durée de la souscription, dans les expositions, musée, bibliothèque, cours, etc., ouverts par le Comité à un public payant, et indiqués dans les art. 2 et 3.

En outre, ses noms et qualités seront inscrits, à titre de cofondateur, sur des tables de bronze qui seront placées dans la salle principale du siége de l'*Union*.

Après les trois années révolues, la souscription annuelle des cofondateurs sera réduite à la somme de 36 fr., avec jouissance des droits d'entrée spécifiés dans le présent article (1).

Art. 10.

Toute personne qui souscrira pour une somme de 500 francs,

(1) On peut encore s'inscrire en qualité de membre adhérent. — L'adhérent paye 36 francs par an, ou 9 francs par trimestre, ou 3 francs par mois. Il peut faire usage, pour ses études et ses recherches, de tous les livres et de tous les objets qui se trouvent dans les collections de l'*Union centrale*. — Le visiteur qui ne sera ni cofondateur, ni adhérent, payera 1 franc d'entrée. — Le produit de ces cotisations et de ces entrées est uniquement destiné à l'augmentation incessante du Musée et de la Bibliothèque.

payés en une seule fois, jouira pendant cinq ans des entrées spécifiées à l'art. 9, et, de plus, elle aura droit à une demi-bourse, dont
elle disposera en faveur de qui elle voudra pendant toute la durée de
la souscription.

Après les cinq années révolues, la cotisation annuelle sera réduite
à 36 fr., avec jouissance des droits d'entrée spécifiés dans l'article
qui précède.

Toute personne qui souscrira pour une somme de 1,000 fr., payés
en une seule fois, jouira pendant dix ans des entrées spécifiées à l'art. 9,
et, de plus, elle aura droit à une bourse entière dont elle disposera en
faveur de qui elle voudra, pendant toute la durée de la souscription ;
après les dix années révolues, la cotisation sera réduite à 36 francs,
avec jouissance des droits d'entrée spécifiés dans l'article qui précède.

Les noms et qualités des souscripteurs de 500 francs et de 1,000
francs seront inscrits à titre de cofondateurs, sur des tables semblables
à celles dont il est parlé à l'article 9.

Tous les associés d'une maison qui seront dénommés dans la raison sociale, et qui adhéreront collectivement à l'une des trois souscriptions ci-dessus indiquées, auront tous les avantages et priviléges
résultant de leur souscription, mais ils n'auront droit qu'à une demi-
bourse et à une bourse entière pour chaque souscription de 500 et
de 1,000 francs.

ARTICLE 11.

Les sommes de toute provenance, soit de souscriptions, dons, soit
de droit d'entrée au musée, à la bibliothèque, aux cours ou dans les
galeries d'exposition, etc., seront définitivement acquises à l'*Union
centrale*. Elles seront employées à couvrir les frais généraux tels
que : appointements d'employés, frais de déplacement des membres
du comité, loyer, installations et tous autres, et à rembourser, au fur
et à mesure, les avances que les membres du Comité auront pu faire.
Le surplus sera destiné aux achats d'objets d'art pour le musée,
d'ouvrages pour la bibliothèque, aux fondations de prix en numéraire pour les concours, enfin à la constitution d'un fonds de réserve.

ARTICLE 12.

Tout donateur d'un objet accepté par le Comité comme pouvant figurer dans les collections aura son nom inscrit sur l'objet offert par lui.

Article 13.

Le Comité pourra échanger les objets acquis par lui, ou les aliéner, pour s'en procurer d'autres, mais il ne pourra jamais aliéner ni échanger les objets donnés pour les collections ou la bibliothèque des beaux-arts appliqués à l'industrie.

Article 14.

Tous les ans le Comité publiera un compte rendu de ses travaux, de la marche progressive des diverses parties de l'institution, sous le triple rapport de l'augmentation des collections, du nombre des visiteurs payants et de celui des auditeurs des cours. Il signalera aussi à la reconnaissance de l'*Union centrale* les amateurs qui auront prêté tout ou partie de leurs collections pour les salles d'exposition.

A la même époque, il fera connaître les modifications qu'il y aura lieu d'apporter à ses programmes, suivant les besoins révélés par l'expérience ou indiqués par l'opportunité.

Article 15.

Ne se dissimulant nullement les difficultés de différente nature que présente l'œuvre importante qu'ils entreprennent de réaliser, les hommes de bonne volonté qui composent le Comité d'organisation sentent le besoin de se placer entre un Comité de patronage et un Comité consultatif des beaux-arts appliqués à l'industrie, et s'ils sont assez heureux pour voir entrer dans l'un et dans l'autre les éminents amis des arts dont ils espèrent obtenir l'adhésion et le concours, ils croiront à un succès assuré.

Article 16 et dernier.

Dans le cas où le Comité se verrait dans l'impossibilité de continuer l'œuvre qu'il fonde aujourd'hui, l'*Union centrale* sera dissoute;

tous les fonds et objets donnés ou les fonds versés à titre de sous-cription resteront définitivement acquis à l'*Union centrale*. La liqui-dation sera faite gratuitement par les soins des membres du Comité sans aucune garantie ni responsabilité de leur part. Les avantages et priviléges offerts aux souscripteurs ou donateurs par les présents statuts cesseront d'exister. Les objets déposés ou prêtés seront rendus ; ceux qui auront été donnés seront remis par le Comité, à titre gratuit, à un établissement national, ainsi que les plaques portant les noms des cofondateurs, à la condition expresse que ces plaques seront mises en évidence, et que les objets donnés conser-veront les noms de ceux qui les auront primitivement offerts au musée et à la bibliothèque de l'*Union centrale*. Une fois les frais de toute nature payés, s'il restait encore des fonds disponibles, ils seront versés dans la caisse d'un établissement de bienfaisance.

*
* *

Les statuts étaient accompagnés d'un

Extrait du règlement du Comité d'organisation de l'Union centrale des Beaux-Arts appliqués à l'industrie.

Art. 3.

Le président est nommé pour dix années et est rééligible.

Art. 4.

Les autres membres du bureau sont élus pour cinq années et sont rééligibles.

Art. 17.

Les hommes d'élite de toutes les carrières qui auront prêté un concours exceptionnel à l'Union centrale des Beaux-Arts appliqués à l'industrie pourront, sur la présentation de deux membres du comité d'organisation et à la majorité des membres présents, être reçus membres du comité de patronage.

Art. 18.

Le Comité d'organisation nommera une commission consultative des beaux-arts appliqués à l'industrie et fera son choix parmi les cofondateurs et les membres adhérents de l'*Union centrale*.

Art. 19.

La commission consultative nommera un président, un vice-président et un secrétaire particulier, et s'occupera des questions qui intéressent spécialement les beaux-arts appliqués.

Art. 20.

D'une séance à l'autre, la commission consultative fera part au Comité d'organisation des idées émises par elle sur la matière spéciale renvoyée à son examen par le Comité d'organisation, et, à son tour, le Comité lui fera connaître sa décision motivée.

Art. 21.

Les membres de la commission consultative sont nommés par le Comité d'organisation pour une année et sont rééligibles.

Art. 22.

La commission consultative donnera son opinion motivée sur l'acceptation ou le refus des objets d'art ou des livres offerts en don ou en prêt au musée et à la bibliothèque de l'*Union centrale*.

Art. 23.

Les objets contemporains soumis à l'examen de la commission consultative ne porteront point de nom d'auteur.

Art. 24.

La commission consultative, lors des expositions faites par le Comité d'organisation, prendra le titre et remplira les fonctions de jury d'admission.

ART. 25.

Le Comité d'organisation étant, d'après les statuts, seul responsable des faits et actes de l'*Union centrale*, se réserve de se prononcer sur l'adoption ou la mise à exécution des idées émises par la commission consultative au sujet des questions que le comité aura soumises à son examen. Toute proposition nouvelle émanant de l'un des membres de la commission consultative sera, avant d'être mise en délibération au sein de cette commission, adressée au Comité d'organisation qui statuera dans une prochaine séance.

Paris, ce 16 mars 1864.

Le Comité d'organisation :

E. GUICHARD, Ph. MOUREY, LEROLLE, Auguste LEFÉBURE fils, TURQUETIL, CHOCQUEEL, HERMANN, J. LENFANT, MAZAROZ, SAJOU, SCHAEFFER-ERARD, VEYRAT, Frédéric BERGON.

***

Les statuts de la Société et le règlement du Comité furent approuvés, et l'Union centrale autorisée par décision ministérielle du 26 juillet, et par arrêté préfectoral du 4 août 1864.

***

Cependant, le local qui devait être le siége provisoire de la Société, avait été loué à la place Royale, et c'est là que, du mois d'avril au mois de septembre, les travaux d'organisation du Musée et de la Bibliothèque, préparés d'ailleurs dès longtemps, furent activement poursuivis par le Comité.

Au moyen d'achats assez importants d'objets et d'ouvrages d'art, grâce à des dons nombreux, parmi lesquels

4.

il y en avait de considérables (1), grâce surtout aux prêts faits par de bienveillants amateurs (2), le Musée et la Bibliothèque se trouvaient, dès le milieu de septembre, assez riches en documents de toute sorte pour être ouverts.

*
* *

Leur ouverture eut lieu le 20 septembre 1864, et les visiteurs, artistes, industriels, ouvriers, gens du monde, écrivains de la presse, y affluèrent.

Si ce public d'élite se montra satisfait, ce n'est pas à nous qu'il appartient de le dire, et nous laissons volontiers la parole aux hommes autorisés qui ont bien voulu la prendre en cette occasion.

*
* *

Dès le 21 septembre, M. Ph. Burty écrivait dans la *Presse :*

« Le Musée et la Bibliothèque organisés par l'*Union centrale des Beaux-Arts appliqués à l'industrie,* ont été ouverts aujourd'hui. Ils occupent, au premier étage, plusieurs hautes et vastes salles d'un des hôtels de la place Royale, celui du n° 15. Ils sont destinés à faciliter l'étude et à aider au progrès de toutes les industries qui relèvent de l'art, et la place a été judicieusement choisie pour les mettre à la portée des nombreux et intelligents ouvriers du Marais. C'est

(1) Pour ne citer qu'un exemple, les 29 volumes du Piranèse, reliés, donnés par M. Ch. Brouty architecte.

(2) Nous acquittons ici une dette de reconnaissance en nommant parmi ceux qui nous prétèrent, dans ces premiers moments, le plus sympathique concours, madame Durand-Brager, M. Adrien de Longpérier, membre de l'Institut, M. Crémer, notre très-habile marqueteur, M. François Gilbert, sculpteur, M. Gustave de Beaucorps, M. Ch. Brouty, M. H. Garnier, MM. Sauvrezy, Godin et Matifat.

ainsi, c'est sur des bases plus modestes encore qu'a commencé, à Londres, le musée de South Kensington...

« Dans une première salle sont exposés les objets offerts à l'Union, pour la plupart, à la suite de l'exposition organisée l'an dernier par elle au Palais-de-l'Industrie, et qu'elle compte recommencer, en 1865, sur de plus larges bases. — Dans les vitrines et les armoires de la seconde salle, sont déposés les objets de haute curiosité, libéralement prêtés par des collectionneurs qui désirent concourir à cette œuvre. Nous citerons une très-curieuse suite de vases et de gargoulettes orientales appartenant à M. Adrien de Longpérier, de l'Institut; des objets d'art à madame Durand-Brager; des guipures et des dentelles italiennes à M. Sajou; une collection très-variée de faïences de toutes les fabriques et de toutes les époques; et encore des toiles perses, des vêtements chinois et japonais, des étoffes vénitiennes brochées, des tapisseries des Gobelins, etc., etc.

« Tous ces objets seront renouvelés tous les trois mois et seront remplacés par d'autres qui viendront offrir aux fabricants et aux ouvriers de nouveaux sujets d'étude. — Enfin, la troisième salle renferme les livres, les recueils de gravures et d'ornements; des plâtres moulés, et particulièrement des collections d'échantillons du plus haut intérêt : on y peut lire des yeux et de la main, en quelques instants, l'histoire de la tapisserie, du papier peint, du châle français, des étoffes de tentures, etc. Ces recueils sont d'une valeur inestimable, en tant que matériaux précis et termes de comparaison. »

*
* *

Le même jour, M. Francis Aubert s'exprimait ainsi dans le *Pays* :

« On comprend le côté pratique de ce Musée : un Kensington nous manquait; en voici un qui commence, source de renseignements et d'inventions artistiques pour ceux qui cultivent cette branche de l'industrie qui fait l'honneur de la France, l'industrie de luxe.

« Mais c'est surtout la bibliothèque de l'Union centrale qui est appelée à rendre des services uniques : la seule énumération de quelques-uns des ouvrages dont elle se compose va le faire voir :

« Modèles de soieries pour robes, composés par Bonny, de Lyon (fin Louis XVI); Documents (échantillons toujours) relatifs à la fabrication du cachemire français depuis 1816, réunis par l'inventeur, M. Deneirouse ; échantillons de papiers peints, depuis l'origine ; échantillons de toutes les mousselines de laines et baréges, imprimés en France, depuis 1844 ; échantillons de tous les rubans, soieries pour robes et ameublements des dix-septième et dix-huitième siècles (étoffes à grands ramages, tapis à couleurs sobres qui n'éteignaient pas les toilettes de femmes), etc.

« Il y a là des trésors pour tous les dessinateurs industriels, et de là certainement partira une impulsion qui activera leur imagination.»

*
* *

Le 25 septembre, on lisait dans le *Courrier artistique* l'article suivant, signé de M. d'Arpentigny :

« L'*Union centrale des Beaux-Arts appliqués à l'industrie* ouvrait les portes de son Musée rétrospectif et contemporain, et celles de sa Bibliothèque d'art ancien et ‧moderne, le 19 septembre dernier.

« Le comité de cette Société avait annoncé l'ouverture pour le 20 septembre ; on voit que son exactitude a été plus que rigoureuse. Pour notre part, nous aimons cette ponctualité, elle dénote beaucoup d'esprit d'ordre et dispose le public et la critique à la bienveillance ; rien n'est, croyons-nous, plus funeste que les remises, souvent longues et multipliées, dont on se fatigue aisément et qui font prendre quelquefois mauvaise opinion de la chose promise.

« Il est d'ailleurs à remarquer, ceci soit dit en passant sans vouloir en rien blesser messieurs les artistes un peu enclins à l'inexactitude, que lorsque des industriels se mettent à la tête de l'organisation d'une affaire, ils marchent avec un ensemble et une régularité des plus rares, et mettent autant de soin à remplir leurs promesses qu'ils en apportent à solder une échéance ; ils s'en font enfin un point d'honneur qui est loin d'être sans mérite.

«L'artiste plus primesautier est souvent moins réfléchi, il est plein de bonne foi, mais il s'enthousiasme aisément et s'engage à la légère, ce qui lui rend toute entreprise difficile et souvent rebutante. Je souhaite sincèrement que l'exemple donné par l'*Union centrale des Beaux-Arts* lui soit profitable, et que le succès très-remarquable de cette Société donne à penser sérieusement à tous les artistes et leur fasse comprendre que les résultats sont bons, quand on apporte à l'aide d'une idée saine l'ordre, la régularité et la plus ponctuelle exactitude. . . . .

« De grandes richesses sont entassées dans ce local, déjà trop petit, et si l'on consulte le premier catalogue de la célèbre galerie de Kensington, à Londres, on se pourra convaincre que le nombre des objets acquis ou déposés dans les salles de l'*Union centrale des Beaux-Arts* est double de celui que contenait l'admirable collection anglaise lors de sa création.

«Dès en entrant dans les salles, on est frappé de l'ordre qui y règne. Les employés eux-mêmes sont d'une tenue irréprochable, d'une politesse un peu cérémonieuse, mais qui ne déplait pas. On se sent dans le meilleur monde et l'on se découvre tout naturellement comme en entrant dans une galerie particulière ; on comprend vite que ce qu'on va voir est sérieux, bien compris et bien fait, et que la visite qu'on va faire ne sera ni lassante ni stérile.

« On traverse tout d'abord le Musée rétrospectif, puis on entre dans la Bibliothèque où, dans les vitrines et sur les tables, sont rangés les ouvrages anciens et modernes de la plus grande valeur, ayant tous rapport à l'art industriel.

« Soit légèreté, soit indifférence, soit peut-être, hélas! ignorance, notre époque est peu soucieuse de la recherche du style et du beau dans l'application des beaux-arts à l'industrie. Elle mélange avec un rare aplomb les époques et les genres, et forme cette école bâtarde dont les œuvres choquent si souvent les yeux des connaisseurs et des gens d'un goût un peu sévère. C'était donc une idée féconde et généreuse que celle qui a inspiré les fondateurs du Musée industriel. Tout prétexte de mal faire sera désormais enlevé, et chacun pourra dès à présent puiser à pleines mains dans les richesses réservées jusqu'alors à quelques privilégiés.

« Dans les siècles passés, le plus insignifiant ustensile de ménage avait son cachet artistique ; la plus humble poterie avait un décor original et de bon style : on sentait l'artiste jusque dans le plus modeste ouvrier, et cela est si vrai que les collectionneurs recherchent aujourd'hui et payent fort cher des meubles et des œuvres de serrurerie, par exemple, qui n'avaient été faits que pour des pauvres gens, par des artisans aussi pauvres et aussi modestes qu'eux.

« De l'excessif confortable est née la vulgarité des formes dans les objets de ménage. Du désordre des idées, de la mauvaise direction et des études incomplètes sont venues l'absurdité et la pauvreté des arts industriels. Des artistes de talent exécutent, certes, de très-remarquables travaux, mais c'est un fait exceptionnel qui ne se rencontre, d'ailleurs, que pour les choses de grand prix, et encore ce fait est-il souvent contestable et ne se rencontre-t-il jamais dans les objets d'un usage général et vulgaire.

« Le Musée et la Bibliothèque de l'*Union centrale des Beaux-Arts* réunissant sur un même point, parfaitement classés, tous les documents relatifs aux arts industriels, on pourra, sans perte de temps, sans se jamais fourvoyer, suivre pas à pas la marche des époques et s'en inspirer sans jamais les confondre. L'artiste, l'artisan et l'industriel s'y feront une éducation nouvelle, leur goût se réformera à la vue des belles choses et de la pureté des styles. Des cours spéciaux seront d'ailleurs bientôt faits dans les galeries agrandies de la Société, et nous osons affirmer que la création de ces collections et de ces cours est le premier pas de la renaissance des arts appliqués à l'industrie, et la *Société nationale des Beaux-Arts* y applaudit de grand cœur.

« Nous suivrons pas à pas la marche de cette institution, la soutenant, l'encourageant, combattant pour elle au besoin, appelant de tous nos vœux l'union sincère, indissoluble, des beaux-arts et de l'industrie. »

*
* *

Le 30 septembre, le rédacteur du *Moniteur universel* publiait cette courte et bienveillante note :

« Le comité d'organisation de l'*Union centrale des Beaux-Arts appliqués à l'industrie,* présidé par M. Guichard, a ouvert le 20 septembre, comme il l'avait promis, le Musée et la Bibliothèque qu'il a fondés, place Royale, 15. On sait que cette institution est entièrement due à l'initiative privée; que les hommes de bonne volonté qui en ont réalisé l'idée éminemment utile, l'ont fait à leurs risques et périls, avec leurs propres deniers, et qu'ils la dirigent et l'administrent en toute gratuité. Du reste, toute cette intelligente partie du public, qui se préoccupe de ce qui peut aider au progrès de nos belles industries d'art, semble avoir parfaitement compris le but si intéressant des fondateurs de l'*Union centrale*, s'il faut s'en rapporter à l'affluence des visiteurs du Musée et de la Bibliothèque et à leur approbation unanime. Un autre jour nous énumérerons les trésors d'art et de bibliographie accumulés dans les salons déjà trop étroits. Nous nous bornons à dire aujourd'hui qu'ils resteront gratuitement ouverts au public jusqu'au 15 octobre, après quoi ils seront réservés aux études des cofondateurs et des adhérents de la Société, ainsi qu'aux recherches de tout artiste ou industriel qui voudrait user des modèles exposés dans le Musée ou des collections de la Bibliothèque. »

*
* *

Le 1er octobre, le ***Constitutionnel*** disait :

« Le Musée et la Bibliothèque des Beaux-Arts appliqués à l'industrie ont été ouverts, place Royale 15, au commencement de la semaine, et depuis de nombreux visiteurs appartenant au monde artistique et industriel n'ont cessé de se presser devant les belles collections d'étoffes de toutes les époques, de bronzes anciens, de vieilles et rares faïences, de splendides émaux cloisonnés, de verreries artistiques, etc., etc., exposés dans les vitrines. Mais ce qui attire surtout l'attention des connaisseurs, ce qui leur fait espérer qu'il vient de se créer là une institution sérieuse qui pourra rendre de très-grands services à nos industries d'art, au milieu desquelles elle se trouve placée, c'est la Bibliothèque. Qu'en quelques mois d'un silence laborieux et fécond, le Comité d'organisation de l'*Union centrale des Beaux-Arts appliqués à l'industrie*, présidé par M. Guichard, ait pu réunir tant et de si beaux livres à gravures, là n'est pas le miracle : avec de l'argent, du crédit, une solide responsabilité, le premier venu peut en peu de temps remplir les rayons de la plus vaste bibliothèque. Celle de l'*Union centrale* a mieux que le nombre, elle a le choix. Mais ce qui la distingue de nos plus grandes bibliothèques publiques, c'est une nombreuse série de volumes in-folio où sont rangés, année par année, les plus beaux spécimens de nos fabriques de mousselines imprimées, de rubans, de soieries, de papiers peints, depuis Reveillon jusqu'à nos jours, de dessins originaux pour cachemires, dentelles, broderies, etc. C'est là, on en conviendra, un début qui promet, et l'on ne peut que souhaiter qu'il tienne ses promesses. »

*
* *

Dans la *Patrie* du 2 octobre, M. Théodore Delamarre fils appréciait ainsi qu'il suit la nouvelle fondation :

« Allons dans la partie de la ville de Paris où sont réunis et groupés la plupart des grands fabricants ; allons au centre même de cette région industrielle, et montons, place Royale, au premier étage, au n° 15. Le local où nous vous conduisons n'est pas bien étendu, il ne comprend encore que trois salons ; mais les richesses qu'il renferme et qui y affluent chaque jour en font un des endroits les plus intéressants, les plus précieux à connaître.

« Débutons par ce qui est, pour le moment, l'objet principal de la fondation, entrons dans la bibliothèque, et feuilletons ces in-folios ouverts sur des tables. Ils sont destinés à un usage journalier, on le reconnaît sans peine. Une reliure solide et commune permet de les manier tout à son aise ; les feuilles de papier qui les composent, épaisses et résistantes, sont garnies à la tranche d'une bordure de toile qui les préservera des déchirures.

« Sur ces feuilles, d'un blanc immaculé, sont fixés des fragments d'étoffes, soie, velours, laine ou coton, ravissants de dessin et de couleur. Ce sont des spécimens de l'art français, principalement de l'art de nos jours. On y voit les soieries pour robes et gilets inventées par nos fabricants de 1851 à 1856 ; des suites de rubans qui ont paré nos élégantes de 1851 à 1853 ; des impressions diverses sur mousselines de

laine et baréges, qui ont fait l'orgueil et la joie des dames,
aux bals, aux soirées et aux promenades, de 1841 à 1857;
puis les cachemires français dans leur variété infinie, les
mousselines claires de 1864, les compositions de l'atelier Guichard ou *premiers jets* pour étoffes de tous genres, les dessins de cachemires et échantillons de *mise en carte*, donnés
par MM. Gonelle frères. Voilà pour le dix-neuvième siècle.
Nous avons aussi pour les années antérieures des spécimens
fort intéressants ; ainsi, de belles étoffes à ramages, où le
goût délicat des époques de Louis XV et de Louis XVI a dé-
ployé ses gracieux caprices; les étoffes plus solennelles du
règne de Louis XIV, puis une collection précieuse intitulée :
Esquisses par les différents maîtres lyonnais. C'est une
réunion très remarquable de maquettes pour soieries peintes
à la gouache sur papier verni. Sauf en quelques endroits, les
couleurs ont conservé leur éclat, et le papier où elles sont
déposées, autrefois d'un ton pâle, a pris, avec les années,
l'aspect de ces vieux fonds d'or, si doux à l'œil et si harmo-
nieux. Nous avons vu également une collection de papiers
peints depuis le temps où Réveillon, l'inventeur de cette industrie, appliquait les couleurs à la gomme, jusqu'à nos jours;
et dans un autre livre, de fort beaux spécimens sacerdotaux :
mîtres, étoles, chasubles, remontant même à Louis XI.

« Voilà ce que la Bibliothèque renferme de plus curieux pour
le moment. Les feuilles de papier où l'on a fixé les étoffes sont
réunies en volumes. Plus tard, quand les collections seront
plus complètes et que l'espace le permettra, on les encadrera
séparément dans de minces châssis en bois que l'on pourra
manier comme des gravures dans un carton. Nos artisans ont
déjà nommé la fondation : le Louvre de l'Industrie.

. . . .

« Dans les vitrines qui sont dressées le long des murailles,
on a étalé des étoffes hollandaises, chinoises, japonaises. Un
vaste tissu jaune impérial, commencé pour l'empereur de la
Chine, n'a pu recevoir sa destination. Les ouvriers du Céleste-
Empire y travaillaient encore lorsque nos soldats sont arrivés.
Il figure à présent dans le Musée de la place Royale. A côté
se dresse, avec sa forme étrange, un costume complet de dame
chinoise: gilet, caraco, tunique, puis des vêtements Louis XV,
puis des dessins de canapé, que leurs dimensions considé-

rables et l'épaisseur de leurs tissus relégaient forcément hors
des in-folios de la Bibliothèque, des serviettes russes, un costume Louis XVI, en velours, une nappe ouvragée remontant à
Louis XIV, une magnifique chasuble. Voilà la partie qui inté-
resse surtout les artistes. On a à faire un tableau de genre
ou un tableau d'histoire, et il faut reproduire exactement les
costumes et l'ameublement. Où pouvoir se renseigner? Au
Musée de la place Royale.

*
* *

Le Siècle du 7 octobre exprimait ainsi son approbation :

« La société de l'*Union centrale des Beaux-Arts appliqués
à l'industrie* vient de fonder, au n° 15 de la place Royale, un
établissement auquel seront certainement acquises toutes les
sympathies des hommes de progrès. Cet établissement se
compose d'un musée et d'une bibliothèque destinés à faciliter
les études professionnelles et à aider au progrès de toutes les
industries qui relèvent de l'art. Des cours, des conférences et
des lectures publiques, confiés aux hommes les plus compétents, y commenceront sous quelques jours. On y fera des
commentaires sur les grands ouvrages d'art de la bibliothèque
et sur les types divers exposés dans le musée.

« Cet établissement, que nous avons visité hier, est situé
au premier étage d'un de ces vieux hôtels qui constituent le
périmètre de la place Royale. Il se compose de trois grandes
galeries garnies de vitrines, de crédences et de tables où sont
exposés des bronzes, des faïences, des émaux, de la verrerie,
des étoffes, etc. Parmi les mille curiosités offertes au regard
dans les vitrines, nous avons remarqué un pupitre en filigrane
de verre, fabriqué à Venise, pour l'impératrice Catherine de
Russie ; une miniature en mosaïque, œuvre de goût et de
patience, des émaux sur cuivre, travail chinois ancien, des
camées antiques, des selles et des brides piquées à la tartare
et à la mauresque; des ferrures du seizième siècle et du dix-
septième; des broderies à l'aiguille d'une finesse d'exécution
incroyable; des enluminures, des tableaux de fleurs, etc.

. . . .

« Cette institution, qui a pour but de donner une nouvelle impulsion au goût national, occupe justement un de ces bâtiments qu'Henri IV fit élever, il y a deux cent soixante ans, pour y établir ses fabriques de draps de soie, ce qui fit donner à la place le nom de place des Manufactures. »

*
* *

A son tour, M. Ernest Chesneau, dans le *Constitutionnel* du 25 octobre, écrivit :

« L'industrie française n'a certainement pas encore oublié l'espèce de panique dont elle fut saisie lorsqu'à l'exposition internationale de Londres, en 1862, elle put constater les progrès réels que l'Angleterre avait accomplis dans tous les genres de fabrication qui exigent du goût et empruntent leur plus grande valeur au sentiment de l'art. Les termes mêmes du rapport de MM Mérimée et du Sommerard, comme membres du Jury, étaient menaçants. . . . .

« Pour nous, qui avons alors étudié fort attentivement cette exposition, nous n'avons jamais cru que le péril fût aussi imminent qu'on le donnait à entendre; mais nous avons attribué à cette panique la valeur d'un coup de fouet salutaire. On considère généralement comme tendant à diminuer toute fortune qui ne s'accroît pas. Il en est de même de la finesse du sens esthétique chez un peuple : elle tend à s'émousser, alors qu'elle ne s'aiguise pas chaque jour davantage. En présence des efforts de l'Europe et en particulier de l'Angletere, dans une direction où la suprématie nous était acquise, il ne suffit donc plus que, pour satisfaire à notre légitime amour-propre, nous ne soyons pas restés stationnaires. Il faut encore que nous conservions, que nous fassions au moins tous nos efforts pour conserver la distance qui nous plaçait à la tête des industries de luxe et de goût en Europe. »

Après avoir fait une rapide nomenclature des objets exposés dans le musée et des ouvrages de la bibliothèque, M. Chesneau continue ainsi :

« Je nommerai enfin un bien remarquable Album offert par M. Deneirouse et relatif à la fabrication du cachemire français ; cet album, qui prend cette fabrication à son origine aux premières années de ce siècle, suit méthodiquement toutes les transformations de cette industrie représentées par une série de dessins et d'échantillons qui sont accompagnés d'observations manuscrites et de notes rédigées par un praticien d'une haute intelligence.

« Enfin M. Guichard, l'actif et habile président du comité, dessinateur du plus grand mérite, a fait appel à ses confrères, et leur a donné l'exemple d'une généreuse innovation ; il a déposé au Musée et, par conséquent, mis à la disposition de tous les visiteurs la collection considérable de tous les dessins sortis de son atelier. Il était d'usage, parmi les artistes, de conserver ces productions avec un soin jaloux. Dorénavant, si le dépôt de ce genre de collections se généralise, chaque artiste sera représenté par son œuvre à l'Union centrale des Beaux-Arts, et se mettra par cela même en communication plus directe avec le public. Public et dessinateurs ne peuvent que gagner à se trouver en rapports plus fréquents et plus libres.

« D'après les rapides indications que nous venons de donner après une première visite, on peut voir qu'il s'agit là d'une œuvre sérieuse appelée à un rapide développement, destinée à exercer une influence des plus heureuses sur notre industrie, en mettant sous les yeux des artistes et des ouvriers les pièces mêmes de l'histoire de nos industries de luxe. Dépaysé souvent, dérouté au milieu des richesses sans nombre de nos grands musées, le public spécial de l'Union centrale des Beaux-Arts recevra dans ses collections qui s'accroissent, dans les cours qui vont lui être faits, une initiation nécessaire à l'intelligence des chefs-d'œuvre de l'art. Les encouragements ne manqueront point aux organisateurs de cette institution nouvelle. Déjà M. le ministre de la Maison de l'Empereur et des beaux-arts a témoigné de la sympathie pour elle en déposant à la bibliothèque un album de plantes marines dont les formes d'une étonnante variété, semblent toutes prêtes à être appliquées à l'ornementation de nos étoffes et de nos papiers de tenture. »

****

Nous en passons et des meilleurs, de l'avis de tous

ceux qui auront lu dans l'*Avenir national*, dans le *Siècle* et dans la ***Gazette des Beaux-Arts***, les articles étudiés que MM. Charles Blanc, Auguste Luchet et Albert Jacquemart ont consacrés à l'Union centrale des Beaux-Arts appliqués à l'industrie. Mais ces travaux sont trop étendus pour être cités ici.

Il faudrait un volume entier pour les contenir, si surtout nous y ajoutions, même en extraits, toutes les choses pleines de bienveillante sympathie et d'encouragement à poursuivre l'œuvre nationale, qu'ont publiées tour à tour le ***Journal des Villes et des Campagnes***, la ***Propriété industrielle***, le ***Progrès de Paris***, l'*Union nationale*, le ***Moniteur des Arts***, le *Monde industriel*, le ***Moniteur des travaux publics***, la *France industrielle*, le *Nord*, la ***Chronique des Arts et de la Curiosité***, le *Temps*, la ***France***, l'*Opinion nationale*, et d'autres encore peut-être qui ne sont pas arrivés à notre connaissance.

Que tous les écrivains qui ont applaudi à notre tentative et nous ont si puissamment aidés dans ces premiers commencements de notre tâche, reçoivent ici nos publics remerciements pour ce qu'ils ont fait. Mais qu'ils n'oublient pas que nous avons encore besoin de leurs salutaires conseils, qu'ils ne nous les épargnent pas, sûrs qu'ils doivent être aujourd'hui que nous les suivrons toujours.

*
* *

Parmi les visites que l'Union centrale a eu l'honneur de recevoir, deux surtout furent précieuses et fécondes pour son avenir. Nous voulons parler de celles que

firent S. Exc. le maréchal Vaillant, le 10 octobre, et
S. Exc. M. Duruy, le 6 décembre 1864.

*
**

« Après avoir examiné, dit le *Moniteur* du 13 octobre, les
beaux objets d'art qui remplissent les vitrines du Musée, Son
Excellence (le maréchal Vaillant) est entrée dans la Bibliothèque, où elle a feuilleté plusieurs grands ouvrages des maîtres consacrés et quelques volumes in-plano des plus précieuses étoffes des quatre ou cinq derniers siècles. Après
cette visite, qui n'a pas duré moins d'une heure, M. le ministre s'est retiré en témoignant sa vive satisfaction aux membres présents du Comité d'organisation de l'*Union centrale*,
basée, on le sait, sur le fécond principe de l'initiative individuelle s'appuyant sur la mutualité.

« A la suite de cette visite, le maréchal Vaillant a adressé
au Comité d'organisation la lettre suivante, avec l'intéressant
herbier des plantes marines dont il y est parlé :

« Messieurs,

« J'ai eu l'honneur de vous parler d'un recueil de plantes
« marines que S. M. l'Empereur m'a donné, il y a bien long-
« temps, et qui me semble pouvoir prendre place dans votre
« beau musée : je vous l'adresse avec cette lettre. Je crois
« que les personnes qui s'occupent de dessins d'étoffes ou de
« papiers peints, trouveront des indications précieuses et
« originales dans les planches de ce recueil ; la nature est
« inépuisable dans ses créations, et le compositeur le plus
« fécond et le plus habile ne pourra jamais mieux faire que
« de s'inspirer des productions de cette généreuse mère.

« Veuillez recevoir, messieurs, l'assurance de ma parfaite
« considération.

« Signé : Maréchal VAILLANT. »

« M. le maréchal Vaillant a écrit ensuite, sur le livre
même, ces mots :

« S. M. l'Empereur daigna me faire don de cet ouvrage en

« 1853. Je crois remplir les intentions de Sa Majesté en le
« déposant au musée que MM. Guichard et Sajou organisent
« avec tant de zèle et de désintéressement, à la place Royale,
« en faveur des ouvriers studieux.
« Paris, le 11 octobre 1864.

« Signé : Maréchal VAILLANT. »

**

Ce rare témoignage d'estime et de bienveillance devait
être suivi d'une faveur plus décisive encore : quelques
semaines après, S. Exc. le maréchal ministre de la
Maison de l'Empereur et des Beaux-Arts, qui avait vu
de ses propres yeux l'œuvre sérieuse qui s'élaborait à
l'Union centrale, accordait directement à son comité le
Palais de l'Industrie pour y organiser l'Exposition de
1865.

**

On lisait dans le *Moniteur* du 9 décembre :

« M. le ministre de l'instruction publique a visité un de ces
jours derniers le musée et la bibliothèque de l'Union centrale
des Beaux-Arts appliqués à l'industrie. Reçu par quelques
membres du Comité d'organisation, M. Duruy a examiné en
véritable connaisseur les trésors d'art et de bibliographie qui
font déjà de cette fondation toute récente une institution
d'utilité publique. Il a écouté avec une attention soutenue
les explications qui lui ont été données par le président du
comité, et après avoir approuvé hautement le but et les aspirations des hommes de bonne volonté et d'intelligence qui
ont fondé l'Union centrale, il leur a promis son bienveillant
appui. On ne pouvait attendre moins du ministre qui prend
si judicieusement pour base de l'éducation de la jeunesse le
beau, le bien et le vrai. »

M. Butry, dans la **Presse** du 10 décembre, ajoutait à ces détails :

« Après avoir témoigné le vif intérêt que lui inspiraient le but et les tendances de la Société, les résultats déjà obtenus et les sympathies qui l'entourent, M. Duruy, dans une improvisation pleine de clarté et de tact, a formulé tout un nouveau système d'enseignement, dans lequel l'étude du beau, dans ses manifestations artistiques, jouerait un rôle important. M. Duruy a feuilleté les collections d'échantillons, passé en revue les rayons de la bibliothèque, étudié les vitrines d'objets donnés ou prêtés, en faisant à propos des objets les observations les plus pratiques et les plus justes. »

*
* *

Ce système nouveau d'enseignement, dans lequel l'étude du beau entrait pour une large part, avait en effet été développé par M. Duruy avec tant de lucidité, de logique et de persuasive éloquence, que les membres présents du comité en furent vivement frappés.

Ils le furent à ce point que depuis, sous l'inspiration féconde et directe du ministre, ils ont résolu d'apporter à l'*Union centrale* le plus beau des compléments, la plus utile des annexes... Quelques semaines encore et, dans le cours même de cette exposition, ils s'expliqueront.

*
* *

Il faudrait bien des pages pour inscrire les noms de toutes les personnes de marque qui ont visité tour à tour le musée et la bibliothèque de la place Royale, avec une évidente sympathie.

Nous nous bornerons à citer S. A. I. madame la princesse Mathilde qui, en feuilletant les œuvres origi-

nales des dessinateurs de l'industrie déposés à la bibliothèque, s'est gracieusement étonnée que des hommes
qui font des choses si séduisantes, ne soient pas plus
connus du public.

L'Union centrale fera en sorte que cet étonnement ne
puisse désormais naître chez personne.

*
* *

Cependant, le comité poursuivait sans relâche, dans
le sein de la société, la formation des différentes parties
actives qui devaient la constituer, chacune dans sa
sphère déterminée. En vertu de l'article 17 du règlement inséré plus haut, quelques noms apparurent sur
la liste du comité de patronage de l'Union Centrale.

Ce sont ceux de :

M. Dariste, sénateur.

M. Brouty, architecte.

M. le comte de Cardaillac, directeur des bâtiments
civils au ministère de la Maison de l'Empereur et des
Beaux-Arts.

M. le comte Léon de Laborde, membre de l'Institut,
directeur général des archives de l'Empire.

M. le docteur Caffe.

On le voit, cinq noms seulement ont été, durant toute
une année, inscrits sur cette liste; on peut être certain
que ce titre de patron de l'Union centrale, par l'extrême
réserve avec laquelle il sera donné, ne risquera jamais
de devenir banal.

*
* *

Il en sera de même pour celui de dame patronesse
des collections de l'Union centrale.

*
* *

Ce fut en janvier dernier que le comité, comprenant d'après l'expérience de chaque jour, toute l'étendue des services que les femmes pouvaient rendre à certaines collections en voie de formation à la place Royale, rédigea, sans préambule, le règlement suivant :

Le Comité d'organisation de l'Union centrale des Beaux-Arts appliqués à l'industrie, après avoir délibéré dans sa séance du 16 janvier 1865, décide :

ARTICLE PREMIER.

Des Dames patronesses, pour les collections de l'Union centrale, seront nommées.

ART. 2.

Les Dames patronesses ont pour mission de concourir à la formation et à l'accroissement des collections en recueillant les dons, qu'elles transmettront au Président avec les noms des donateurs.

ART. 3.

Tous les ans, à la fin des travaux annuels de l'Union, le dépouillement et le classement des objets réunis par les soins des Dames patronesses seront faits par une commission de trois membres de l'Union centrale, qui en fera un rapport détaillé dont copie sera adressée à chacune des Dames patronesses.

ART. 4.

Les Dames patronesses sont nommées tant dans le nombre des dames cofondatrices ou adhérentes, qu'en dehors de l'Union centrale.

ART. 5.

Le Comité d'organisation décidera à l'unanimité de ses membres, au scrutin secret et sans discussion, de la nomination des Dames patronesses.

Art. 6.

Les noms des Dames patronesses seront incrits sur les objets qu'elles auront donnés et sur ceux qu'elles auront fait donner, à côté du nom des donateurs.

Art. 7.

Les Dames patronesses ont droit à l'entrée des musée, bibliothèque, cours et expositions de l'Union centrale. Lors des grandes expositions bisannuelles au Palais de l'Industrie, un salon spécial leur est réservé. Il leur sera délivré, comme marque distinctive, une tablette en marbre onyx, portant leur nom gravé.

Art. 8.

Les Dames patronesses correspondent directement avec le Président du Comité d'organisation. Elles doivent adresser leur dernier envoi annuel, du 1ᵉʳ au 15 du mois d'avril, au siége de l'Union centrale, place Royale, n° 15.

Art. 9 et dernier.

La nomination des Dames patronesses leur sera adressée en brevet au nom du Comité d'organisation, par son Président, qui leur adressera en même temps copie de la présente délibération.

Fait à Paris le 16 janvier 1865,

Pour le Comité : *Le Président,*

E. GUICHARD.

*
* *

Le nombre des Dames patronesses des collections est bien petit à l'heure qu'il est, mais les services rendus par elles sont déjà bien grands.

*
* *

Pour obéir aux prescriptions des articles 18, 19, 20,

21, 22, 23 et 24 du règlement du Comité d'organisation, la Commission consultative des Beaux-Arts appliqués à l'industrie avait été nommée pour un an, et composée de :

MM. BARYE, O ✻, sculpteur-statuaire.
    BROUTY, architecte.
    BURETTE, peintre décorateur.
    BURTY, rédacteur au journal *la Presse*.
    CHAMPFLEURY, homme de lettres.
    DALLOZ (Paul), ✻, directeur du *Moniteur universel*.
    DAVIOUD, ✻, architecte de la ville.
    DIÉTERLE, ✻, artiste peintre décorateur.
    FOUCHÉ (Joseph), dessinateur pour l'industrie.
    GALICHON, directeur de la *Gazette des Beaux-Arts*.
    GONELLE (Joseph), dessinateur pour cachemires.
    KLAGMANN, ✻, sculpteur-statuaire ornemaniste.
    LE BÈGUE, architecte.
    LIÈVRE (Edouard), dessinateur-graveur.
    LOUVRIER DE LAJOLAIS, artiste peintre.
    MANTZ (Paul). homme de lettres.
    MILLET (Aimé), ✻, sculpteur-statuaire.
    POPELIN (Claudius), artiste peintre.
    RIESTER (Martin), dessinateur-graveur.
    ROUSSEL, dessinateur pour dentelles.

Aussitôt installée elle constitua son bureau, élut M. Barye président honoraire ; M. Klagmann, président ; MM. Paul Mantz et Davioud, vice-présidents, et se mit sans retard à l'œuvre.

⁎

C'est cette laborieuse Commission qui, sur les propositions du Comité d'organisation, a médité, élaboré, discuté, arrêté, rédigé tous ces progammes sages et pratiques, qui établissent les conditions des divers concours ouverts par l'Union centrale, à l'occasion de l'Exposition de 1865.

On les trouvera dans la seconde partie de cette introduction, tout entière consacrée aux documents qui concernent exclusivement l'Exposition.

Nous ne donnons ici que le suivant, dont le résultat est déjà connu.

*
* *

CONCOURS

OUVERT

A L'UNION CENTRALE DES BEAUX-ARTS APPLIQUES A L'INDUSTRIE

Place Royale, 15.

En vue des récompenses à décerner aux lauréats de l'Exposition des Beaux-Arts appliqués à l'industrie, qui aura lieu en 1865, au Palais des Champs-Élysées,

La commission consultative entendue,

Le Comité d'organisation arrête :

ART. 1er.

Des prix en or, en argent et en bronze seront mis à la disposition du jury des récompenses pour être décernés aux artistes et aux industriels.

ART. 2.

Un concours est ouvert parmi les sculpteurs, les dessinateurs et tous les artistes qui seraient désireux d'y prendre part pour la création d'un modèle de récompense, palme ou tout autre emblème pouvant remplacer une médaille sans avoir aucune analogie de forme avec elle, et caractérisant d'une façon symbolique l'hommage fait à des lauréats qui auront su donner à l'industrie la noblesse, la grâce et la séduction de l'art.

ART. 3.

Ce modèle de symbole honorifique, quelle que soit la forme choisie par le concurrent, devra présenter de grandes facilités d'exécution par la fonte ou par l'estampage et l'emboutissure. La composition devra permettre l'inscription suivante : UNION CENTRALE DES BEAUX-ARTS APPLIQUÉS A L'INDUSTRIE. EXPOSITION DE 1865. *Prix de   classe, décerné à* **M.**

Dans une des parties du modèle, l'artiste devra laisser un vide afin de pouvoir y introduire un cordon ou lacet de soie auquel sera suspendu le sceau en cire de l'Union centrale.

ART. 4.

Une somme de 300 fr. est affectée audit concours et sera remise à l'artiste qui aura obtenu le prix. Son nom sera gravé sur le modèle.

De plus, une carte d'entrée au musée, à la bibliothèque et aux expositions de l'Union centrale, et valable pour deux années, sera donnée à l'artiste dont l'œuvre sera classée après le premier prix.

ART. 5.

Les modèles seront exécutés en cire ou en plâtre ou simplement dessinés.

ART. 6.

Les compositions des modèles destinés audit concours ne seront pas signées. Chaque composition portera un signe quelconque qui sera répété dans une lettre cachetée renfermant le nom de l'auteur.

ART. 7.

Le premier et le deuxième prix restent la propriété de l'Union centrale.

Art. 8.

Les œuvres des concurrents seront reçues à l'Union centrale, place Royale, 15, jusqu'au 1er mars prochain, cinq heures du soir, terme de rigueur.

Art. 9.

Tout concurrent pourra envoyer un ou plusieurs modèles.

Art. 10.

L'exposition publique des modèles envoyés au concours aura lieu dans les salles de l'Union centrale, les 2, 3, 4 et 5 mars. Le 4, à deux heures précises, la commission consultative des Beaux-Arts appliqués à l'industrie jugera le concours conjointement avec le Comité d'organisation.

nota. L'Exposition publique sera suspendue le 4 mars durant la séance du Jury.

Art. 11.

Aussitôt que le jury aura terminé son travail et prononcé son jugement, il sera procédé par lui à l'ouverture des lettres cachetées, et les noms des lauréats seront indiqués sur leurs œuvres, ainsi que les mentions des récompenses. Ceux des autres concurrents ne seront indiqués que sur leur demande.

Art. 12 et dernier.

Le Comité d'organisation, tout en donnant les prix décernés par le jury, se réserve cependant le droit d'apporter dans la forme définitive de ses récompenses tous changements ou modifications qui pourraient devenir nécessaires au point de vue de l'exécution pratique et du poids de la matière.

Paris, ce 18 janvier 1865.

(Suivent les signatures des membres du
Comité d'organisation.)

On se rappelle peut-être qu'au lieu d'un premier et second prix, le Comité, en présence des nombreux et remarquables envois des concurrents, se décida spontanément à décerner deux premiers et deux seconds prix; que les deux premiers furent remportés par MM. Liénard et Jules Godet et les deux seconds, par M. Félix Fossey et par un anonyme.

*
* *

C'est l'œuvre de M. Liénard qui est aujourd'hui en cours d'exécution, et qui sera distribué aux lauréats de l'Exposition, en or, en argent ou en bronze, suivant que le jury des récompenses se sera prononcé sur le degré de mérite de chacun d'eux.

*
* *

C'est encore à la commission consultative qu'est dû le programme des cours qui ont été faits à l'Union centrale cet hiver, et qui, grâce aux hommes éminents qui les ont professés, ont jeté un vif éclat sur notre jeune société.

Ces cours, il fallait les inaugurer. Par un sentiment d'excessive modestie, tous déclinaient l'honneur de la première soirée. M. Adrien de Longpérier, vivement sollicité par l'Union tout entière, consentit enfin, à condition toutefois que le président de la Société le précéderait à la tribune, et ferait l'ouverture des cours. M. Guichard dut céder, et accomplir ce nouveau devoir. Il prit pour sujet de sa conférence l'histoire de l'idée qui avait amené la fondation de l'Union centrale, et le 8 mars dernier, il prononça, devant un auditoire nombreux et choisi, le discours suivant, que nous croyons devoir insérer ici textuellement.

Mesdames et Messieurs,

Vous connaissez tous la poétique légende d'Arion. Jeté au milieu des flots, il fut reçu par un dauphin, grand amateur de musique, et porté doucement au cap Ténare. Il est à croire cependant que, quelle que fût sa confiance dans sa lyre, il éprouva d'abord une grande terreur en se voyant au milieu de la vaste mer.

Eh bien ! jugez de mes craintes quand je me suis vu dans l'indispensable obligation de prendre le premier ici la parole devant vous ! Moi aussi j'étais précipité dans la vaste mer des idées. — J'étais Arion, mais Arion sans lyre et sans dauphin. Je sentais mille pensées qui s'agitaient autour de moi comme des vagues tumultueuses, et nageur inexpérimenté, plein d'épouvante, je ne pouvais, tout en l'entrevoyant, saisir le fait qui flottait au milieu d'elles, le fait sauveur qui devait me porter au rivage.

Vous dire combien de temps j'ai lutté pour l'atteindre et l'embrasser, ce serait faire sourire ceux d'entre vous que je vois dans cet auditoire d'élite et qui sont habitués à dégager avec facilité l'idée qu'ils veulent rendre, à la formuler victorieusement, à l'émettre nette, précise, complète, vivante, soit qu'ils l'écrivent, soit qu'ils la parlent... Quoi qu'il puisse en être, me voici lancé en pleine aventure : Dieu et votre indulgence aidant, j'espère que j'arriverai au port..., sans avoir pris le Pirée pour un homme.

Je le dis d'abord : ce serait tomber dans une erreur tout aussi grosse que de prendre l'*Union centrale des Beaux-Arts appliqués à l'industrie* pour une imitation du South Kensington Musœum de Londres.

Et ne croyez pas que ce soit le puéril besoin de saisir une transition au passage qui m'amène à vous raconter sommairement l'histoire de la fondation de notre Société, les travaux qui l'ont préparée lentement, mais sûrement, dans un passé remontant déjà à près de trois quarts de siècle, les influences décisives qui ont déterminé l'éclosion à laquelle vous assistez, les hautes, les actives, les gracieuses sympathies qui entourent l'œuvre naissante, nos efforts d'hier et d'aujourd'hui, nos projets de demain, et, laissez-moi prononcer le mot, et, quand je l'aurai prononcé, prenez-le, je vous prie, en bonne part, notre invincible ambition de faire une chose de portée : j'ai pensé, dis-je, qu'il était bon de constater sans retard l'origine toute française de l'idée, qu'il était juste de rendre à la France ce qui appartient à la France.

Et ce n'est pas, soyez-en bien persuadés, par un vain sentiment d'amour-propre national que je tiens à constater l'entière équité de cette revendication : je le fais surtout parce que je suis certain que les fils aideront avec plus d'amour à la réalisation d'une idée émanant de leurs pères, née de leur génie à une époque où ils ne pouvaient prévoir ni encore moins redouter une concurrence étrangère, et qu'ils désiraient exécuter par l'unique raison qu'ils la jugaient utile et noble en elle-même ; parce que, d'ailleurs, à mon avis, et certainement au vôtre, tout ce qui procède de l'imitation, quel que soit l'ordre d'idées et de faits qu'on examine, reste toujours secondaire et ne donne qu'une chaleur empruntée et par suite inféconde. Les transplantations, privées de la sève native, souffrent, et les peuples qui ont vu éclore spontanément chez eux les renouveaux de l'art, sont aussi les seuls qui les ont vus entrer dans toute leur efflorescence, et porter tous leurs fruits.

Si ces pensées sont vraies, elles sont rassurantes aussi pour nous, car loin, bien loin que nous ayons été prendre l'idée de notre fondation chez les Anglais, ce sont eux, au contraire, qui ont donné un corps à l'idée française, à l'idée de nos pères.

Dès l'an IV, c'est-à-dire en 1796, Émeric David portait devant l'Institut national la grande question qui nous occupe en ce moment. Dès lors, il rêvait, il méditait, il demandait la création d'un *Musée olympique de l'école vivante des beaux-arts*. C'était, vous le voyez, l'idée du musée du Luxembourg, exprimée dans le style du temps. Mais il ajoutait :

« L'établissement de ce musée conduirait à une autre « institution du même genre : institution plus vaste, plus « neuve, aussi importante par son objet.

« Ce serait une collection des chefs-d'œuvre des habiles
« ouvriers vivants dans tous les arts. Là, le charpentier dé-
« poserait le modèle d'une machine dont l'invention ou l'exé-
« cution pourrait l'honorer ; le serrurier montrerait com-
« ment il assouplit un métal revêche ; le menuisier, le fon-
« deur, feraient voir jusqu'à quel degré de perfection ils
« savent réunir dans leurs ouvrages et la plus grande utilité,
« et le charme des formes les plus agréables.

« Un établissement de cette nature honorerait autant la
« France qu'il lui serait utile. Égale facilité donnée à tous les
« artistes de se faire connaître, et au public de les juger ;
« publicité des inventions ingénieuses ; émulation, perfection
« de l'art et du goût. Combien l'ouvrier serait justement
« enorgueilli par l'espoir d'une aussi belle récompense !
« Combien il prendrait de dignité à ses propres yeux, en
« recevant ainsi le juste tribut de la considération publique !
« Ennoblissons tous les états, pour ennoblir le caractère de
« tous ceux qui les exercent. »

Ai-je besoin de vous faire remarquer combien l'art préoccupe le penseur qui a écrit ces lignes ; combien il insiste sur
l'union nécessaire du beau et de l'utile ; combien le charme,
la grâce, le goût doivent toujours, selon lui, accompagner
et pour ainsi dire achever les œuvres les plus usuelles sortant
de la main du producteur !

Et qui pourrait voir dans cette page exclusivement inspirée par l'amour du beau, une aspiration vers la création du
Conservatoire des arts et métiers, qui n'était pas encore
fondé et dont Alquier, deux ans après, allait demander l'ins-
tallation au Conseil des Anciens ?

Dans l'antique prieuré de Saint-Martin-des-Champs, les
sciences appliquées règnent souverainement, et l'art, si jamais il lui prenait fantaisie d'entrer dans cette demeure de
l'utile absolu, se verrait préférer le plus vulgaire des rouages
de la mécanique.

L'idée émise par Emeric David ne passa pas dans le domaine des faits, mais elle portait en elle un principe de fé-
condité qui ne devait pas périr. Deux contemporains du savant historien de la *Peinture au moyen âge*, Daunou et
Mayeuvre, reprenaient, dès 1797, devant ce même Conseil des
Anciens, cette même idée, en la circonscrivant toutefois pour

l'appliquer aux besoins spéciaux de la magnifique industrie de Lyon.

Et, parce que j'ai parlé de besoins spéciaux et que j'ai nommé Lyon, n'allez pas croire que l'on ne voulait former que des collections de modèles dont l'étude fût uniquement propre à perfectionner le travail de la soierie. Non, il s'agissait de la création d'un véritable musée d'art et d'industrie où, à côté de ces sortes de dessins et d'ornements, on devait placer les plus belles œuvres de l'art antique; et l'on méditait en même temps de joindre à ce musée, comme des annexes fécondes et vivantes, des écoles d'art.

Remarquez, je vous prie, en passant, que, pour les esprits supérieurs de cette époque comme pour ceux de la nôtre, il n'y a pas deux arts, un art pur et un art industriel. Pour eux, l'art est un, ses manifestations seules sont multiples. Aussi, aucune merveille des maîtres de la Grèce ou de Rome, aucun chef-d'œuvre des renaissances italienne et française ne leur paraissaient trop beaux ni trop hors de portée pour être mis sous les yeux de l'ouvrier en soieries. Ils pensaient que l'homme qui crée le dessin d'une étoffe et celui qui tisse et brode ce dessin dans l'étoffe, ont également à profiter de l'étude et de la contemplation journalière de ces œuvres immortelles; qu'il y a en elles, à côté de leurs splendeurs typiques, des beautés moins inaccessibles et, permettez-moi ce néologisme qui rend ma pensée, des beautés pour ainsi dire grefféables, qu'il faut apprendre à reconnaître et à dégager, et qui, transportées ailleurs, redeviennent originales dans des applications aussi variées qu'heureuses.

Et si vous pouviez douter que l'art, sans perdre sa divine unité, ait des émanations diverses qui, pénétrant à leur insu l'âme des artistes, communiquent à chacun une force de conception différente, interrogez un maître que je suis heureux et fier de voir parmi nous; lisez ce huitième volume des *Rapports du jury français de l'Exposition universelle de 1851*, par lequel M. le comte Léon de Laborde a exercé dans toute l'Europe, sur l'enseignement de l'art appliqué, une influence si salutaire, et qui ira grandissant de jour en jour.

Avant de quitter Lyon pour revenir à Paris, constatons qu'en 1806, en 1814, en 1829, en 1834, diverses tentatives furent faites, tant par le gouvernement que par la chambre de commerce de la première de ces villes, pour y réaliser, d'une façon plus ou moins complète, l'idée formulée par Daunou et Mayeuvre.

Qu'importe d'ailleurs que ces tentatives aient eu lieu sur les bords du Rhône ou sur ceux de la Seine? Nous sommes toujours en France, et l'idée reste française.

Je me vois, à mon grand regret, obligé de glisser légèrement sur les services que lui rendit, vers 1836, Aimé Chenavard, mort si prématurément en 1838. Aucun document écrit n'est parvenu à ma connaissance, qui dise d'une manière positive la part que prit à ce mouvement l'ingénieux artiste à qui nos industries d'art doivent tant, et dont le burin magistral de M. Henriquel Dupont nous a conservé la fine physionomie que vous voyez là.... Je ne m'appuie ici que sur la tradition, et elle affirme que Chenavard fit faire un pas en avant à l'idée de la fondation d'un musée des beaux-arts appliqués à l'industrie.

Mesdames et Messieurs, nous venons de parcourir ensemble un assez grand laps de temps, et vous avez vu que le germe confié pour la première fois, vers l'expiration du xviiie siècle, à la sollicitude de l'avenir, a failli éclore à sept reprises différentes en quarante ans.

J'arrive maintenant à une autre tentative demeurée également sans résultat immédiat. La narration que j'aborde est délicate, sinon difficile pour moi, parce que je me trouve intimement mêlé aux faits que je dois relater. Mais je me tranquillise, sachant que je n'énoncerai rien qui ne soit appuyé sur une preuve certaine, matérielle, irrécusable. Je serai d'ailleurs bref, et ne vous dirai que ce qui se rattache directement à l'histoire de l'idée, laissant de côté tout ce qui ne serait digne ni de votre intérêt, ni de votre attention.

Dans le courant de l'année 1845, quelques artistes s'éprirent de la belle passion de pousser dans la voie du progrès celles de nos industries auxquelles ils étaient appelés à fournir des modèles.

Des pays étrangers tentaient alors leurs premiers efforts pour ravir à la France sa vieille suprématie dans ces charmantes applications du beau à l'utile. Ce fut surtout ce qui attira leur attention. Ils se concertèrent, et comme ils étaient confiants parce qu'ils étaient jeunes, — n'oubliez pas qu'il y

a vingt ans de cela ! — ils supprimèrent les longues, patientes
et fécondes préparations, préliminaires toujours indispensa-
bles des œuvres qui veulent vivre, et résolurent de passer
d'emblée à l'exécution de leur idée, de l'idée de leurs pères,
veux-je dire. Ils se groupèrent autour d'Amédée Couder...
Amédée Couder ! un maître éminent que la mort vient encore de frapper dans un état bien voisin du dénûment, lui à
qui plusieurs de nos plus belles industries doivent en grande
partie leur prospérité ! lui dont l'Union centrale s'honore de
conserver et de mettre sous les yeux de tous les superbes
compositions qui ornent les murs de cette salle... Mais il était
alors dans toute l'expansion de son talent, il était plein de
force et d'ardeur.

Nous formâmes une *Société de l'art industriel,* dont il fut
élu président, et moi, secrétaire. Le 17 et le 20 décembre 1845,
nous publiâmes les deux pièces que voici. Elles annonçaient
la fondation de notre Société ; elles donnaient ses statuts ; elles
indiquaient les motifs de sa formation, son but, ses moyens
d'action. Permettez que je vous lise seulement deux courts
passages que j'ai cru devoir en extraire. Voici le premier :

« Les constants efforts et l'habileté progressive de l'artiste
« et du fabricant, donnent à l'industrie française une supé-
« riorité reconnue de toutes les nations. Cet immense avan-
« tage devait exciter l'émulation de l'étranger. L'Angleterre,
« l'Allemagne, la Russie, pour nous disputer la suprématie
« du goût, l'une de nos gloires nationales, fondent à l'envi
« de riches établissements. »

Voilà le second de ces extraits :

« Nous devons donc favoriser toute l'extension de l'art al-
« lié à l'industrie, faciliter tous ses progrès, toutes ses con-
« quêtes, en déversant sur chacun le savoir et l'expérience
« de tous ; nous devons réunir tous les éléments du succès en
« formant une bibliothèque et un musée où seront rassemblés
« les types de l'art industriel de toutes les époques et de tous
« les peuples. Ces importants résultats ne peuvent être obte-
« nus que par des efforts collectifs. Combien de matériaux
« précieux dont un morcellement déplorable détruit à jamais
« la valeur artistique ! Combien d'ingénieuses et fécondes

« pensées meurent dans l'oubli par la difficulté des recher-
« ches ! »

N'est-il pas clair que tout ce que nous réalisons aujourd'hui
est de tous points en germe dans ce que vous venez d'entendre ? Mais nous échouâmes. Les temps n'étaient pas venus.
C'étaient des aspirations vers une chose qui n'avait pas alors
une suffisante raison d'être, peut-être parce que les industries
d'art, chez les peuples étrangers, ne menaçaient pas encore
assez évidemment la suprématie des nôtres; assurément parce
que notre tentative de 1845 n'avait pas, comme celle d'aujourd'hui, l'inestimable fortune d'être entourée de vos vivi-
fiantes sympathies ! Et d'ailleurs, l'initiative individuelle et
l'esprit d'association n'avaient pas encore été suscités; ils
dormaient inactifs et inutiles dans les profondeurs du génie
national, semblables à ces forces latentes qui sommeillent
au sein de la nature durant de longs siècles avant que la science
les découvre, les discipline et les applique au service de l'homme.

Il se pourrait enfin, pour me servir d'une expression familière, qu'on eût mis jusqu'alors la charrue devant les bœufs,
et qu'en voulant commencer l'œuvre par la fondation d'un
musée et d'une bibliothèque, quand on ne faisait appel qu'au
concours désintéressé des particuliers, c'était s'exposer à des
insuccès répétés.

Vous serez tentés de le penser quand, me continuant quelques instants encore votre bienveillante attention, vous sau-
rez la suite de cette histoire.

J'ai là, sous la main, d'autres documents authentiques,
dont les originaux font partie des papiers de l'ancien ministère de l'agriculture et du commerce et s'y trouvent dans les
dossiers du conseil supérieur des manufactures nationales
institué en 1848, et dont les membres étaient : M. le duc de
Luynes, président, M. Victor de Lavenay, délégué du ministre,
MM. Ingres, Paul Delaroche, Henri Labrouste, Chevreul, Ferdinand de Lasteyrie, Duban, Violet-le-Duc, de Nieuwerkerke,
Badin, Séchan, Diéterle, Klagmann, et M. Chérubini, secrétaire.

Ces documents établissent que, dès le 5 mars 1850, M. Jules
Klagmann, l'éminent conservateur du musée de l'Union centrale,
soumettait à ce conseil un projet d'exposition des beaux-arts
appliqués à l'industrie, laquelle devait se faire soit conjointe-

ment avec l'exposition des beaux-arts ou avec celle de l'industrie, soit isolément dans un local spécial.

Les idées émises dans ce projet, après avoir été mûrement
discutées, furent acceptées à l'unanimité par le Conseil, et un
rapport fut rédigé et remis à M. Dumas, alors ministre de
l'agriculture et du commerce.

Une année s'écoula sans qu'aucune décision fût prise, et
l'exposition universelle de 1851 allait s'ouvrir.

L'occasion était belle et le temps pressait.

M. Klagmann adressa alors à M. de Lavenay une lettre où
se lisent ces lignes d'une originale insistance : « Je sais bien,
« monsieur, qu'en ce monde tant de gens ont leur dada, que
« j'ai peut-être le mien et que, l'ayant une fois enfourché, je
« sois comme tous les gens qui ont des dadas, très-insipide :
« mais ma conviction profonde est qu'il y a urgence à donner
« suite au projet d'exposition d'art industriel. »

Cette fois-ci encore ces demandes opiniâtres ne furent pas
satisfaites, et dix-huit mois se passèrent sans qu'on entendît
parler du projet en faveur duquel elles étaient formulées.

Si, devant de tels retards, M. Klagmann perdit son courage
et ses espérances, c'est ce que vous allez voir. Mais la phase
dans laquelle nous entrons a été trop bien racontée dans le
Moniteur universel du 22 octobre 1863, pour que vous ne
me sachiez pas gré d'emprunter à la feuille officielle le récit
de M. Paul Dalloz, l'un des plus chaleureux promoteurs de
l'Union centrale.

« Le jeudi 25 novembre 1852, dit l'auteur de ce travail
plein de recherches sérieuses et de judicieuse critique, une
délégation du *comité central des artistes*, reçue au palais de
Saint-Cloud par le Prince-Président, lui présentait un placet
et trois mémoires relatifs à *la question des beaux-arts appliqués à l'industrie*.

« L'ensemble de ce travail, dont chacune des trois parties
était signée par son auteur (1), portait en outre la signature
de 126 artistes, parmi lesquels se trouvaient plusieurs des
plus renommés et des plus vaillants (2).

(1) M. Klagmann, M. Ch.-E. Clerget, M. Chabal-Dussurgey.

(2) Il nous suffira de citer parmi ces noms ceux de MM. Paul De-

« Dans le placet, écrit par M. Klagmann, aussi recommandable par son œuvre de statuaire et d'ornemaniste que par l'élévation de son esprit pratiquement philosophique, et en tout ceci dès longtemps encouragé, comme peuvent l'attester MM. Badin et Diéterle, par feu Ebelmen, l'homme de bien et le savant illustre, dans ce placet nous lisons ce passage :

« Nous nous sommes attachés, dans les trois mémoires qui résument l'ensemble de nos idées, à être aussi succincts qu'il nous a été possible. Deux de ces mémoires traitent de la fondation d'un *musée* et d'une *école centrale*...

« Quant au troisième, qui traite la question d'une *exposition publique*, nous avons jugé convenable de le placer en tête, parce que si l'école et le musée sont nécessaires aux progrès de l'art, de l'industrie et d'un enseignement plus rationnel pour les individus, l'exposition est, à notre point de vue, la clef de voûte de notre édifice. »

« Ces bases posées avec une grande justesse de pensée, l'auteur s'explique et ajoute qu'en effet, c'est par l'exposition que l'art, ainsi qu'il le conçoit dans ses rapports avec la vie publique, peut croître, se développer et atteindre tous les résultats qu'il est permis d'en espérer pour le profit des grands intérêts du pays, au bénéfice des classes laborieuses; que c'est par l'étude et l'examen des choses exposées que s'élèvera le savoir professionnel des artisans; que c'est par là que leur sera rendu ce qu'ils ont pu perdre dans le savoir pratique de leur profession, par suite de la division du travail, cette conséquence inévitable du progrès de l'industrie

laroche, Duban, Manguin, Viollet-le-Duc, Charpentier, Viel, César Daly, Cavelier, Jean Feuchères (a), Louis Rochet, Huguenin, Toussaint, Carrier, Lienard, Amédée Couder, Henry, Poterlet, Meyer, Laroche, Chebaux, Séchan, Despléchin, Mme Cavé, Hulot, Riester, Niedrée, Paillard, Lecointe, Jules Fossey, Fourdinois, Crémer. A ces noms étaient joints ceux de plusieurs de ces habiles artistes, de ces praticiens consommés qui allaient bientôt jeter un nouvel éclat sur la manufacture de Sèvres, à l'exposition universelle de 1855, Dieterle, Klagmann, Hamon, Schit, Labbé, Choiselat, Niocreux, sans excepter leur savant directeur M. Reguault.

(a) Le nom de Jean Feuchères ne saurait être écrit ici sans rappeler à tous que notre célèbre confrère se mêla aussi en 1848 à ce mouvement, surtout en ce qui concerne les améliorations qu'il jugeait à propos d'introduire dans les écoles d'art appliqué à l'industrie.

moderne qui produit par grandes masses et avec le concours des machines.

« L'exposition, continue-t-il, sera l'arène où ceux qui imaginent, créent ou appliquent utilement, pourront se produire au grand jour sous le contrôle de tous, de ceux qui achètent les œuvres comme de ceux qui les produisent. »

« Enfin, la conclusion du premier des trois mémoires porte :

«... Après un mûr examen, nous demandons que notre exposition soit faite simultanément avec celle de l'industrie, mais dans une partie spéciale du local affecté à l'exposition générale et sous la dénomination suivante :

« *Section des beaux-arts appliqués à l'industrie, et spécialement réservée aux œuvres de l'art, telles que dessins, peintures et modèles, classées selon les trois grandes catégories d'architecture, de sculpture et de peinture.* »

« Le Prince reçut avec bienveillance la députation, lui promit qu'il s'occuperait de ces intéressantes questions et prendrait en considération ses légitimes demandes.

« Deux ans et demi ne s'étaient pas encore écoulés depuis cet accueil encourageant, que l'Empereur remplissait la promesse faite par le Président de la République. A l'Exposition universelle de 1855, une galerie particulière, au pourtour de la rotonde, recevait les ouvrages des artistes de l'industrie, pour la première fois groupés en un ensemble isolé des productions auxquelles elles avaient servi ou devaient servir de modèles.

« De ce jour seulement le public commença à connaître les noms d'une phalange d'artistes ingénieux, collaborateurs jusque-là obscurs de ces industries exclusivement françaises par leur féconde originalité, auxquelles ils assuraient d'éclatants triomphes sur tous les marchés du monde. »

Ce triomphe enfin obtenu, M. Klagmann reprit à lui seul, en 1856, les trois questions dont la première seulement avait été traitée par lui quatre ans auparavant, et du résultat de ses études et de ses méditations, nous tirons tous les jours ici un fécond parti.

Il y a mieux : heureux aujourd'hui de voir le commencement de réalisation où ses chères idées sont entrées, il a consenti à nous prêter, avec le plus entier désintéressement , le précieux concours de son expérience consommée, en un mot, à remplir en toute gratuité les fonctions déjà actives de conservateur de notre musée naissant.

Cependant il restait un dernier pas à franchir, un dernier *desideratum* à atteindre, c'était d'arriver à ce que ces expositions des beaux-arts appliqués à l'industrie fussent faites par l'initiative privée.

Ainsi faites, en effet, et si elles étaient dirigées avec sagesse, intelligence et loyauté , elles devaient amener des résultats aussi nouveaux que féconds. Je vous dirai tout à l'heure, bien plus, je vous montrerai ces résultats dont les plus importants sont déjà obtenus et seront bientôt suivis de beaucoup d'autres, nous en avons la ferme confiance.

Au mois de juillet 1858 se forma la Société du *Progrès de l'art industriel.....* Que personne d'entre vous ne redoute que ce nom sorti de mes lèvres soit le prélude de longues et fastidieuses récriminations! Voici que commence la quatrième année depuis que mes honorables collègues et moi nous nous sommes retirés de cette société, et toujours à toutes ses attaques nous avons opposé le silence le plus absolu. A Dieu ne plaise que nous le rompions aujourd'hui!...

Utile école et pleine d'enseignements, après tout, que celle de laquelle nous sortons, et qui nous a bien appris, à nous qui avons fondé l'Union centrale des Beaux-Arts appliqués à l'industrie, qu'il n'est pas bon que ceux qui dirigent les affaires de ces sociétés privées soient des agents rémunérés ; qu'il est bon, au contraire, qu'assumant sur eux toutes les responsabilités justes, ils partagent les charges communes ; qui nous a encore mieux fait comprendre ce que nous avions déjà, combien il est de bon goût que nous nous effacions courtoisement devant tout intérêt légitime de nos cofondateurs et de nos adhérents ; que nous nous mettions, par exemple, spontanément hors de concours dans les expositions ; que nous nous abstenions même d'y faire partie des jurys de récompenses ; qui nous a montré enfin ce qu'il y a à faire, ce qu'il y a surtout à éviter pour que notre œuvre prospère et reste digne de vos sympathies et du but sérieux que nous poursuivons !

Or, dans cette société du *Progrès*, quelques membres, reprenant les idées de M. Klagmann, qui étaient alors dans le domaine commun, parlaient fréquemment d'expositions à faire ; mais personne n'avait indiqué le moyen de les faire avec le seul concours de l'initiative individuelle, quand, élu premier vice-président en décembre 1859, je fus assez heureux pour apporter la solution tant cherchée.

Elle était bien simple, comme vous allez le voir, car elle consistait tout uniment à faire payer sa place à chaque exposant et à assurer avec cette ressource les services matériels de l'Exposition.

On fut frappé de ce qu'il y avait de pratique dans cette idée, et l'on me chargea d'aviser aux moyens de la réaliser.

La première condition que j'avais à remplir pour faire une exposition, c'était d'avoir un local propre à l'installer, et, mandataire d'une société non autorisée, je ne pouvais en demander un à l'Etat. Je vis M. le baron Taylor et lui exposai notre projet. Il objecta la possibilité d'un insuccès, par suite, d'un déficit, et me demanda si je voulais m'en porter garant personnellement. Je m'engageai.

Il désira, en outre, que les bénéfices, s'il y en avait, fussent acquis à l'une des sociétés fondées par lui, celle des inventeurs. J'y consentis.

L'honorable baron obtint le Palais de l'Industrie de Son Exc. M. le ministre d'Etat. L'exposition de 1861 se fit et la Société des inventeurs encaissa une somme de 4,577 francs.

Ce coup d'essai ne fut assurément pas éclatant. Toutefois, grâce au dévouement de mes chers collègues de la commission d'organisation qui voulurent spontanément partager ma responsabilité, et m'aidèrent puissamment dans mes travaux, grâce à la confiance qu'ils inspirèrent à 207 artistes et industriels qui répondirent à leur appel, nous acquîmes la preuve que nous avions vu juste, et que les résultats espérés se produiraient à une seconde tentative.

Ce fut aussi l'avis de M. le baron Taylor, car le **22** octobre 1862, je recevais de lui la lettre que voici :

« A M. Guichard, ancien président de la commission d'or-
« ganisation de l'exposition des arts industriels de 1861,

 « Monsieur,

 « Par une lettre du 12 mai de cette année, S. Exc. M. le
« ministre d'État a bien voulu m'accorder de nouveau, pour
« l'année prochaine, le local que nous occupions en 1861 au
« Palais de l'Industrie. Il me sera permis d'en disposer immé-
« diatement après l'exposition des beaux-arts. J'ai gardé un
« souvenir profond de la manière digne et intelligente avec
« laquelle vous et vos collègues avez mené à bien cette pre-
« mière et difficile exposition de 1861. C'est pourquoi, Mon-
« sieur, je viens vous demander de renouveler, l'année pro-
« chaine, une épreuve si utile, en vous chargeant de la di-
« riger dans les mêmes conditions que la première ; vous
« pourriez y joindre, cette fois-ci, les concours artistiques
« compris dans le programme de la Société que vous fondez
« en ce moment, et qui, sous la direction d'hommes tels que
« vous, ne saurait manquer de rendre aux arts industriels
« les plus grands services, en aidant surtout à les développer
« dans le sens de la rénovation que tout le monde désire et
« pressent.

 « Veuillez agréer, etc.,

      « Baron TAYLOR. »

Nous nous remîmes à l'œuvre, *aux mêmes conditions,*
c'est-à-dire que si l'exposition entraînait de pertes, nous les
supportions, s'il y avait des bénéfices, ils revenaient intégralement à la même caisse de secours de la Société des
inventeurs.

Nos soins de toutes les heures, nos efforts redoublés, notre
foi agissante furent largement récompensés. Lorsque, le
10 septembre 1863, s'ouvrit l'exposition, non plus des *arts
industriels,* mais des *beaux-arts appliqués à l'industrie,* les
exposants, presque triplés en nombre, remplissaient de leurs
œuvres et de leurs produits toute la grande nef et tout le
premier étage de l'aile qui réunit les pavillons extrêmes de

la façade du Palais ; cinquante-deux écoles de dessin prenaient aussi part à cette fête de l'art et de l'industrie ; des dessinateurs, des peintres, des sculpteurs avaient envoyé des modèles aux concours que nous avions ouverts ; vingt-neuf amateurs nous avaient prêté, pour former un musée rétrospectif, des objets d'art ancien d'un choix remarquable, et l'Empereur lui-même avait daigné mettre à notre disposition le beau *vase de César*..... Enfin, car toute tentative en ce bas monde a son côté affaire, et toute affaire..... son quart-d'heure de Rabelais : bienheureux, quand il sonne, ceux qui ont à additionner autre chose que les lupius de la comédie antique !..... Enfin, la charité de M. le baron Taylor vit ses ressources augmentées d'une somme de 28,688 fr. 07 c. provenant des bénéfices nets de l'exposition.

Il est vrai que, sur cette somme, devait être payée l'impression des rapports du jury, que nous n'avons pu encore obtenir, malgré l'engagement pris à leur sujet par l'honorable baron Taylor, et depuis longtemps échu (1).

Mais laissons le succès matériel et passons à ces résultats d'un ordre beaucoup plus élevé que j'ai promis de mettre sous vos yeux, et dont l'importance donne si pleinement raison à M. Klagmann, disant que c'était par l'exposition qu'il fallait commencer, voyant en elle la clef de voûte de l'édifice un et multiple que nous voulons ériger.

Le premier de ces résultats heureux est certainement la confiance mutuelle qu'une fréquentation journalière, des relations de bon voisinage, des rapports familiers, une sollicitude plus attentive, établissent entre les exposants et les organisateurs, quand ces organisateurs relèvent de l'initiative individuelle, et que, d'ailleurs, ils sont pénétrés de l'étendue de leurs devoirs et de la délicatesse de leur mission, quand des preuves multipliées mettent au grand jour leur désintéressement et leur dévouement aux intérêts de tous.

Et voyez ce qui découle de cette confiance née dans ces belles circonstances, basée sur de tels motifs : une médaille, honneur insigne de notre vie, est offerte à chacun des mem-

(1) Le volume des rapports du jury de l'Exposition de 1863 a paru enfin, et nous a été livré le 24 mars 1865.

bres de la commission organisatrice de l'exposition de 1863, par 763 exposants et adhérents à l'idée des expositions faites par l'initiative individuelle ; cette médaille porte notre nom d'un côté, et de l'autre les significatives paroles que l'Empereur prononçait le 25 janvier 1863; son authenticité est constatée par un volume contenant toutes les signatures, par une table de bronze où sont gravés tous les noms de ceux qui la donnent; elle est accompagnée d'une lettre collective qui nous invite à fonder, au plus grand avantage de tous, quelque institution utile et durable...

Cela se passait le 13 janvier de l'année dernière. Quelque temps après, le Comité d'organisation recevait une autre lettre tout aussi honorable pour lui et dont les trente signataires, hommes de talent et hommes de génie, l'encourageaient à passer à l'exécution de l'idée et lui offraient leur concours en qualité de cofondateurs... Voici la médaille, voici le volume des 763, voici la table de bronze, voici la lettre des 30, augmentés depuis d'autres noms recommandables..., et c'est dans les salles nouvellement ouvertes de l'Union centrale des Beaux-Arts appliqués à l'industrie que je vous montre ces objets qui, un jour, seront des reliques peut-être !

Sans l'exposition rien de tout cela ne se serait probablement fait. Mais l'exposition elle-même, qui donc a fait qu'elle a été si remarquable? Il suffit de lire les paroles gravées sur cette médaille pour se le rappeler.

Ces fécondes paroles, comme le faisait remarquer la préface du livret de 1863, ces fécondes paroles, que le penseur couronné adressait à l'élite des travailleurs français, n'avaient pas tardé à produire leur effet; car, la commission d'organisation ne se l'est jamais dissimulé : Sans l'influence salutaire qu'elles avaient exercée sur les esprits, nous n'eussions sans doute pas vu répondre à notre appel et venir à nous tant d'hommes qui tiennent les premières places dans nos industries d'art, et plusieurs artistes d'une célébrité depuis longtemps européenne, dont les œuvres, exposées dans le Palais, eussent brillé encore d'un éclat souverain même dans un concours universel.

Mais il ne suffisait pas que l'exposition fût belle, il fallait encore que le public sût qu'elle l'était. La presse, avec une rare unanimité et une sympathie chaleureuse, dont nous gardons le plus reconnaissant souvenir, le lui apprit, et il afflua au Palais de l'Industrie, et le succès fut grand.

Rappelez-vous encore ce qui sanctionna et consacra ce succès; rappelez-vous ces deux apparitions du Souverain parmi nous, la première surtout où il parcourut tout le palais, donna à plusieurs reprises des signes non équivoques de son auguste satisfaction, et, s'arrêtant un instant devant l'humble vitrine qui renfermait vos premiers dons pour la fondation du musée et de la bibliothèque des beaux-arts appliqués à l'industrie, daigna m'interroger sur nos projets dont l'ébauche à peine tracée avait cependant attiré son attention.

Vous le voyez, cette vitrine s'est quelque peu agrandie à la place Royale, mais combien encore, dans cette seconde étape, l'idée se trouve à l'étroit!

C'est ce que chacun sent et répète.

— « Agrandissez-vous, » nous a dit Son Excellence le ministre de la maison de l'Empereur et des beaux-arts, de la bienveillante justice de qui nous tenons directement le Palais de l'Industrie pour notre exposition de 1865, et qui, le lendemain de sa visite, nous envoyait ce volume si intéressant qui lui a été donné par Sa Majesté, et l'accompagnait de la lettre la plus sympathique.

— « Vous êtes dans une mansarde, et vous devriez être dans un palais, » nous a dit à son tour Son Exc. le ministre de l'instruction publique, qui, en réalité, a ouvert, le 6 décembre dernier, les conférences de l'Union centrale, en s'élevant ici-même, dans une brillante improvisation, aux plus fécondes considérations sur l'enseignement de l'art appliqué.

— « Vous étouffez ici, nous répètent mille voix amies. Quand une idée, depuis longtemps méditée par les plus sérieux et les meilleurs esprits, élaborée par des hommes spéciaux et pratiques, a été approuvée par tous, et proclamée, par les voix les mieux autorisées, juste, vraie, bonne, belle, utile, patriotique, d'une application toute pleine de promesses fécondes et certaines; quand d'ailleurs son étude, poursuivie avec amour, menée avec compétence, a groupé autour d'elle tous ses corollaires immédiats, a prévu tous les développements successifs dont elle est susceptible; quand un examen approfondi a fait reconnaître que sa réalisation est devenue nécessaire à l'un des plus grands intérêts de la France ; quand, enfin, elle est éclose, qu'elle s'est épanouie, eh bien, donnez-lui l'espace, l'air et la lumière ! Agrandissez-vous ! »

Ah ! si jusqu'à cette heureuse soirée nous avions pu douter de ce besoin d'agrandissement si vivement senti par vous, et, croyez-le bien, par nous aussi, l'évidence ferait maintenant évanouir notre doute. Mais patience et prudence! laissez à notre responsabilité morale la liberté d'attendre le moment opportun, et soyez persuadés que nous ne le laisserons pas passer sans agir. — Vienne l'exposition du mois d'août, et qu'elle soit couronnée de l'éclatant succès que tendent à lui assurer vos intel'gents travaux, artistes, écrivains, penseurs, de la commission consultative, si dignement présidée par MM. Barye, Klagmann, Mantz, Davioud; votre appui chaleureux et désintéressé, messieurs les cofondateurs et adhérents de l'Union centrale; votre puissant concours, écrivains de la grande presse et de la presse d'art, à qui notre institution doit sa notoriété naissante; vos belles œuvres que vous méditez déjà pour nos concours, artistes de qui le monde attend la création du style Napoléon III; vos produits d'élite, industriels dont l'habileté recevra pour récompense l'œuvre charmante du sculpteur Liénard; la beauté et le nombre des chefs-d'œuvre des anciens maîtres que vous voulez bien nous prêter pour former un trésor inouï dans les galeries supérieures du palais Marigny, nobles amateurs qui surpasserez cette fois la libéralité des grands seigneurs de l'Angleterre; vos efforts persévérants et dévoués, chers collègues du Comité d'organisation..... Vienne ce triomphe que tous vous préparez si énergiquememt, et l'Union centrale, où le *sic vos non vobis* n'est plus de mise, sortira alors de son berceau, si elle n'en peut écarter les parois !

Mais jusqu'à ce moment si impatiemment attendu, donateurs dont les mains se sont déjà ouvertes ou se préparent à s'ouvrir, imitez notre ami à tous, l'architecte Charles Brouty que notre spirituel conservateur a nommé le *donateur ordinaire de l'Union*. Redoublez de zèle, nous vous en supplions, gracieuses patronesses, qui vous plaisez à enrichir nos collections; vous, enfin, artistes et savants, éloquents titulaires des cours qui s'inaugurent aujourd'hui, prêtez votre voix pleine d'autorité à notre jeune société où battent déjà tant de nobles cœurs! je ne vous présente pas à vos auditeurs, ils vous connaissent tous, et d'ailleurs le nom de M. Adrien de Longpérier à qui j'ai hâte de céder cette place est une présentation toute faite.

****

L'orateur annoncé par M. Guichard s'assit au fauteuil, et dès les premières minutes de cette attrayante *heure d'archéologie*, les applaudissements éclataient de toute part ; car chacun avait vite compris que, sous le charme d'une causerie familière, se cachait la science la plus vaste et la plus variée.

****

Les cours, commencés le 8 mars, se sont prolongés jusqu'au 3 mai. Durant ce temps trop court pour le plaisir et l'instruction des auditeurs, des hommes remarquables à différents titres et dont les noms sont connus et honorés de tous, ont entretenu des choses de l'art et de la science appliquée à l'art un auditoire toujours attentif d'artistes, d'industriels, d'ouvriers, de gens du monde.

M. Ferdinand de Lasteyrie leur a parlé de la peinture sur verre ; M. Albert Jacquemart, de l'histoire de l'ornementation dans la céramique ; M. le docteur Caffe, de l'hygiène des professions dans les arts appliqués ; M. Emile Rousseau, de la chimie dans ses rapports avec les industries d'art ; M. Aimé Millet, de la sculpture ; M. Fouché, des ombres et des effets de la lumière ; M. Sauvrezy, de l'ébénisterie ; M. Davioud, de l'architecture et de l'industrie artiste ; M. Charles Blanc, enfin, de la grammaire des arts du dessin.

*
* *

L'on sait assez avec quel éclatant succès la plupart de
ces cours ont été professés; mais ce que l'on ignore
trop peut-être, c'est l'entier désintéressement avec lequel ils l'ont été. Le Comité se fait un devoir de le
rappeler ici, et remercie publiquement les éminents professeurs de l'Union centrale de lui avoir si généreuse-
ment prêté leur précieux concours.

*
* *

Ils ont bien voulu nous promettre de reprendre la
parole, en décembre prochain, à la place Royale. Leur
parole, on le sait, est aussi sacrée qu'elle est élo-
quente.

*
* *

Cependant, tant d'efforts persévérants avaient conquis
à l'Union centrale de nouvelles sympathies, et la liste
sans cesse augmentée de ses cofondateurs et de ses adhérents est là pour le prouver.

Cette liste, nous la donnons telle qu'elle existe aujourd'hui, 10 août. Elle eût été beaucoup plus nombreuse, si nous avions voulu conserver tous les noms
des adhérents qui, ayant quelques recherches à faire à la
bibliothèque ou désirant suivre les cours, se sont fait
inscrire au tableau pour un mois ou un trimestre, et
qui, leur travail terminé ou les cours finis, ne sont pas
revenus.

LISTE

DES

COFONDATEURS ET DES ADHÉRENTS

DE L'UNION CENTRALE

RELEVÉE LE 10 AOUT 1865.

(La lettre C, placée devant le nom, indique le cofondateur,
la lettre A, l'adhérent.)

C. BARYE, sculpteur.
C. BEAUDOIRE-LEROUX, relieur.
C. BITTERLIN fils (Paul), graveur et peintre-verrier.
C. BONNIN (Pascal), directeur de l'*Union nationale du Commerce et de l'Industrie.*
C. BUHOT, sculpteur.
C. BURTY (Philippe), homme de lettres, rédacteur au journal *la Presse.*
C. CARRIER BELLEUSE, sculpteur.
C. CHOISELAT (Ambroise), sculpteur.
C. CORNU (Eugène), dessinateur attaché à la Compagnie des marbres onyx d'Algérie.
C. DALLOZ (Paul), avocat, directeur du *Moniteur universel.*
C. DECK (Théodore) fabricant de faïences d'art.
C. DULOS, graveur.
C. DURENNE, maître de forges.
C. FOUCHÉ (Joseph), dessinateur pour l'industrie, ingénieur.
C. GENLIS et RUDHARDT, artistes peintres céramistes.
C. GODIN, fabricant de meubles.
C. GONELLE frères, dessinateurs pour châles.
C. JARDIN-BLANCOUD, graveurs.
C. KLAGMANN (Jules), sculpteur.
C. MANGUIN, architecte.
C. MARIENVAL, fabricant de fleurs artificielles.
C. MASSONNET, éditeur de médailles.

C. Musson, ancien élève de l'École centrale.

C. Riester (Martin), dessinateur et graveur.

C. Rousseau (Émile), chimiste.

C. Sauvrezy, sculpteur-ébéniste.

C. Sax (Adolphe), fabricant d'instruments de musique.

C. Seguin, marbrier.

C. Diéterle (Jules), artiste peintre.

C. Matifat, fabricant de bronzes.

C. Simonet (J.), architecte.

C. Amyot, avocat à la Cour impériale.

C. Millet (Aimé), sculpteur.

C. Vielcastel (comte Horace de), décédé.

C. Le Bègue (Alfred), architecte.

C. Leclaire, entrepreneur de peinture.

C. Brouty (Ch.), architecte.

C. Desnos-Gardissal, ingénieur civil.

C. Miroy frères, fabricants de bronzes.

C. Yvette-Grenier, peintre en décors, décédé.

C. Caillebotte (L.-F.), fabricant de boutons de corne.

C. Marquis de Mornay.

C. Comte de Mornay.

C. Baylen (de), receveur-percepteur, à Paris.

C. Laffitte (Maurice).

C. Ollive (A.), importateur.

A. Cabin, fabricant de dessins de tapisseries.

C. Lévy (Frédéric), maire du XIe arrondissement.

A. Hangard-Maugé, imprimeur-lithographe.

A. Loth, employé.

A. Lièvre (Edouard), dessinateur graveur.

C. Davioud, architecte de la ville de Paris.

C. Fayet, fabricant d'éventails.

A. Fribourg, fabricant de bijoux.

C. Garnier (Henri), fabricant de bronzes.

A. De Pauw, négociant.

A. PLAUSZEWSKI (Walery), dessinateur.

A. TRINOCQ (Abel), peintre décorateur, fabricant de stores.

A. LIONNET frères, fabricants de bronzes galvano-plastiques.

C. PATRICE SALIN, chef de bureau au Conseil d'État.

A. BURETTE, peintre décoratenr.

C. ROUSSEL, dessinateur pour dentelles.

A. CRON, dessinateur.

A. CLERGET (Ch.-Ernest), dessinateur graveur, ornemaniste.

C. BRISSON (Théodore), sculpteur.

A. RICHY, commissionnaire en ameublements.

C. BROSSER.

A. CORNE (Adolphe), graveur et peintre héraldique.

C. POPELIN (Claudius), artiste peintre.

A. GRAUX (Jules), fabricant de bronzes.

C. LOUVRIER de LAJOLAIS, artiste peintre.

C. GALICHON, directeur de la *Gazette des Beaux-Arts*.

C. GEORGES de MONBRISON.

C. CHAMPFLEURY, homme de lettres.

A. LECHEVALIER-CHEVIGNARD, artiste peintre.

A. CIEUTAT, peintre décorateur.

C. DARISTE, sénateur.

C. G. ENGELMANN, imprimeur lithographe.

C. GOUPIL et Cie, éditeurs.

C. LUCHET (Auguste), homme de lettres, rédacteur au journal *le Siècle*.

C. PAUL MANTZ, homme de lettres, rédacteur à la *Gazette des Beaux-Arts*.

C. CHALONS D'ARGÉ, archiviste au ministère de la Maison de l'Empereur et des Beaux-Arts.

A. CHAIGNON (Alphonse), peintre décorateur.

C. BARTHOLDI, sculpteur.

A. GASTÉ, imprimeur-lithographe.

C. Comte Léon de Laborde, membre de l'Institut, directeur général des archives de l'empire.

A. Lavaud, artiste peintre, photographe.
A. Prignot (Eugène), dessinateur.
A. Jouatte, peintre décorateur.

C. Madame Érard.

A. Tarneaud (Firmin), de Limoges.
A. Richard (Louis), directeur du *Moniteur des Travaux publics.*

C. Turgan, homme de lettres.

A. Mademoiselle Clara Guillaume, dessinateur.

C. Comte Théodore d'Estampes.
C. Gérôme, artiste peintre.

A. Meunier, négociant.
A. Dopter (Alfred), éditeur d'imagerie.
A. Dopter (Jules), graveur sur verre.

C. Ardant (Henri), fabricant de porcelaines, à Limoges.
C. Lazard frères, exportateurs.
C. Dubouché (Adrien), artiste peintre, à Bordeaux.
C. Geneste, ingénieur, appareils de chauffage.

A. Duluat, fabricant de papiers peints.

C. Schefer (Charles), premier secrétaire interprète de l'Empereur.

A. Brou, sculpteur.

C. C. Minoret-Aubé, avocat à la Cour impériale.

A. Renauld, fabricant de bronzes.
A. Delerot, attaché à la bibliothèque de l'Arsenal.
A. Tainturier, contrôleur des contributions directes.

C. Maréchal (de Metz), artiste peintre verrier, à Metz.

A. Bernard, fabricant de bronzes.
A. Jules Godet, graveur.
A. Louis Rey, peintre décorateur.
A. Picard, sous-chef au ministère des finances.

C. CHARLES BLANC, ancien directeur des Beaux-Arts.
C. LÉO LESPÈS, homme de lettres.

A. MATHEVON et BOUVARD, fabricants de soieries, à Lyon.

C. HUBY, fabricant de serrurerie d'art.

A. GRANGER (Alexis), fabricant d'acier poli.
A. WILLIAMSON, administrateur du mobilier de la couronne.
A. GROS (Jean-Louis-Benjamin), ébéniste.

C. VOGT (Victor), fabricant de poêles en faïence.
C. MINORET (François-Athanase), ancien négociant.
C. MINORET-AUBÉ (Alexandre-François), ancien négociant.

A. PARIZOT (Henri), fabricant d'étiquettes à la main.
A. AUBOUER fils (Adrien), sculpteur sur bois.

C. DURAND frères, manufacturiers, à Lyon.

A. ROBERT (Alphonse), sculpteur.
A ROBERT (Eugène), sculpteur.
A. HERTENSTEIN fils, ébéniste.

C. BONNAFFÉ, propriétaire.
C. LUCY (Ernest), bijoutier.

A. LUCY (Edmond), bijoutier.
A. LUCY (Paul), bijoutier.
A. LEMOINE (Henri), fabricant d'ébénisterie.
A. MOISANT (Germain), menuisier.

C. Marquis du LAU D'ALLEMANS.
C. SCHLOSSMACHER, fabricant de lampes.

A. DOUSSAULT, architecte.
A. CHAPRON (Lawrence), ingénieur-architecte.
A. ALLARD (Émile-Ernest), peintre en bâtiment.

C. ALLAIN NIQUET, président du Comité général de l'*Union nationale du Commerce et de l'Industrie.*
C. FIGARET (L.), fabricant de bronzes.

A. SORET jeune, dessinateur pour étoffes, à Elbeuf.

C. ENGEL-DOLLFUS, manufacturier, associé de DOLLFUS-MIEG et Cᵉ, à Mulhouse.

A. QUETIN (Victor-Joseph), dessinateur éditeur.

C. DAMERON (Louis), fabricant de voitures.

A. FRANÇOIS (Hilaire-Félix), sculpteur, à Sarguemines.
A. HARDOUIN (Mlle), artiste peintre.

C. BLONDEL, architecte.
O. GRUBY, docteur-médecin.

*
* *

La sympathie inspirée par l'œuvre s'est manifestée aussi par les dons qu'on lui a faits. Une foule de personnes qui ne sont ni ses cofondateurs ni ses adhérents, se sont plu à enrichir de livres la Bibliothèque, d'objets d'arts le Musée.

Que leurs noms inscrits ici, avec ceux des membres de la Société qui sont aussi ses donateurs, soient pour elles la preuve de notre gratitude !

LISTE DES DONATEURS

DE

L'UNION CENTRALE DES BEAUX-ARTS

APPLIQUÉS A L'INDUSTRIE,

RELEVÉE LE 10 AOUT 1865.

S. A. I. le prince NAPOLÉON.

Son Exc. le maréchal VAILLANT, ministre de la Maison de l'Empereur et des Beaux-Arts.

Son Exc. M. BAROCHE, Garde des Sceaux.

Son Exc. M. DURUY, ministre de l'Instruction publique.

Son Exc. M. Armand BÉHIC, ministre de l'Agriculture, du Commerce et des Travaux publics.

MM. ALCAN (Michel), professeur au Conservatoire impérial des Arts et Métiers.
ALLAIRE (docteur).
ALLARD (Émile-Ernest), entrepreneur de peinture.
ALLONGÉ (Auguste), artiste peintre.
AMYOT, avocat à la Cour impériale.
ANQUETIN (Modeste), horloger.

BARBEDIENNE, fabricant de bronze.
BARBIER, dessinateur.
BARBIZET, fabricant de poterie d'art.
BASTARD (Mme la baronne de).
BEAUDOIRE-LEROUX, relieur-papetier.
BELLAVOINE.
BELLIER DE LA CHAVIGNERIE.
BERTRAND et SUBBINGER, orfévres, fabricants de bronzes galvano-plastiques.
BINET (L.).

MM. Bluth, ouvrier ciseleur.
Blondin, éditeur.
Bouquet, artiste peintre, céramiste.
Bourdon (Mme veuve Isidore).
Bracquemond (Félix), graveur.
Brunet (François), fabricant de meubles.
Brevière (Henri), graveur.
Brouty (Ch.), architecte.
Brunner-Lacoste (Henri-Emile), peintre de fleurs.
Buhot (Ch.), sculpteur.
Bullot (Arthur), photographe.
Busson et Leroux, fabricants de bronzes.

Cadart et Luquet, éditeurs de la Société des aquafortistes.
Caffe (docteur).
Caillebotte, fabricant de boutons de corne.
Cappe (E.), correspondant du *South-Kensington-Musœum*.
Carrier-Belleuse (Albert), sculpteur.
Chaix, ébéniste.
Chalons-d'Argé, archiviste au ministère de la Maison de l'Empereur et des Beaux-Arts.
Champfleury, homme de lettres.
Choiselat (Ambroise), sculpteur.
Clerget (Ch.-E.), dessinateur ornemaniste, graveur.
Cocheris (H.), archiviste paléographe, bibliothécaire à la bibliothèque Mazarine.
Collinot, fabricant de faïences d'art.
Compagnon (A.).
Cornu (Eug.), dessinateur.
Coussedière (Joseph-Etienne), dessinateur.

Dalloz (Paul), avocat, directeur du *Moniteur universel*.
Davioud, architecte de la Ville.
Deck (Théodore), fabricant de faïence d'art.
Delaborde (comte Léon), membre de l'Institut, directeur général des archives de l'Empire.
Delahaye (Mme Elisa), sculpteur.
Delarue, éditeur d'estampes.

MM. Delesalle, fabricant de bronzes.
Deneirouse, ancien fabricant de châles.
Des Cars (Mme la comtesse).
Diéterle, artiste peintre, décorateur.
Doury (Paul), fabricant de poterie émaillée.
Dufossé, négociant.
Duluat, fabricant de papiers peints.
Durand, éditeur.
Durand (Paul), fabricant de soierie, à Lyon.
Duvelleroy, éventailliste.

Eloffe (Arthur), naturaliste.
Engelmann, imprimeur-lithographe.

Favier, fabricant de fleurs artificielles.
Félon (Joseph), artiste peintre, sculpteur.
Ferdinand (Jules-Jean-Claude), doreur sur métaux.
Fleury-Deleury, ébéniste.
Fordrin (Alexandre-René), bijoutier en doré.
Forgeais (Arthur).

Galichon, directeur de la *Gazette des Beaux-Arts*.
Geneste (Eugène), ingénieur, adjoint au maire du XIe arrondissement.
Genlis et Rudhardt, artistes peintres, céramistes.
Giacomelli (Henri).
Gilbert (François), sculpteur.
Gillet et Brianchon, fabricants de porcelaines nacrées.
Goneille frères, dessinateurs pour châles.
Gould (Mme).
Goupil et Compagnie, éditeurs d'estampes.

Hangard-Maugé, imprimeur-lithographe.
Hoffmann, dessinateur.
Horeau (Hector), architecte.

Jardin-Blancoud, graveurs sur métaux et sur pierres dures.
Jeanron (Philippe-Auguste), artiste peintre.

Klagmann (Jules), sculpteur.

MM. Lacour (Louis).
Lasteyrie (comte Ferdinand de).
Latoison-Duval, dessinateur.
Lavaud, artiste peintre et photographe.
Lavery (Georges), graveur.
Le Bègue, architecte.
Lefébure (P.).
Legost (Achille), fabricant de bronzes émaillés.
Léonard (Alexandre-Lambert), sculpteur.
Leroux (Firmin).
Lévy.
Lionnet frères, fabricants de bronzes galvano-plastiques.
Lippmann (Léon).
Lock (Frédéric).
Louvrier de Lajolais, artiste peintre.

Massonet, éditeur de médailles.
Mat Fat, fabricant de bronzes.
Ménard (Ch.), fabricant de porcelaines.
Meusnier (Mathieu), sculpteur.
Millet (Aimé), sculpteur.
Minoret-Aubé (Camille), avocat à la cour impériale.
Moignifz (Jules), sculpteur.
Moreau (L.).
Mornay (comte de).
Morvan, graveur héliographique.

Ollive (A.), importateur.
Ouin (Michel), sculpteur sur ivoire.

Péquégnot (Auguste), graveur.
Périn.
Philippe (M. et Mme).
Pigal (Edme-Jean), artiste peintre.
Pingrenon.
Popelin (Claudius), peintre d'histoire.
Portalès, artiste peintre céramiste.
Potonié (D.).
Préault (Auguste), sculpteur.
Pull, maître potier.

MM. Reynard (Mme veuve).
Riester (Martin), dessinateur, graveur.
Rigolet (Réné), fabricant de bronzes.
Rollin, fabricant de bronzes.
Roussel (Alcide), dessinateur pour dentelles.
Rouyer (Francis), fabricant de bronzes.
Ruiton et Levrat, fabricants de bronzes.

Sajou (Mme).
Sauvrezy, sculpteur-ébéniste.
Saint-Seine (vicomte de).
Seyeux (E.).
Simonet, architecte.

Tainturier, contrôleur des contributions directes.
Tardieu (Mme veuve).
Thouroude (A.), fabricants de coutellerie et d'orfévrerie
    de table.
Tournier, fabricant de voitures, dessinateur.
Turgan, homme de lettres.

Vallet de Viriville, homme de lettres, professeur ad-
    joint à l'Ecole des Chartes.
Vétu fils (Amand), fabricant de bronzes.
Verdavaine.
Viel-Castel (feu le comte Horace de), homme de lettres.
Vigneron (André-Etienne), serrurier, releveur au
    marteau.
Villetard, homme de lettres, directeur du *Courrier
    du Dimanche*.
Vollet (Mme veuve).

Warmont (docteur A.).

Voilà, par les documents, l'histoire complète de l'U-
nion centrale des Beaux-Arts appliqués à l'industrie,
avant et depuis sa fondation. Voilà les travaux du Co-

mité, voilà le concours sympathique qu'il a rencontré de tous côtés et sous toutes les formes.

Si quelque juge sévère trouvait qu'il aurait dû tirer un plus large parti de ces sympathies, qu'appuyé sur elles, il aurait pu montrer plus de hardiesse : s'installer, par exemple, dans quelque vaste local, digne d'abriter une tentative à laquelle le succès souriait si manifestement : il répondra que la mission qu'il a reçue (il croit avoir démontré, pièces en main, qu'il accomplit une mission) lui est trop sacrée ; que l'idée à laquelle il s'efforce de donner, après tant d'écroulements, une solide assiette, lui est trop chère, pour qu'il ne veille pas attentivement à ne compromettre ni la mission, ni l'idée. C'est pour cela qu'il interprète les clauses de son mandat avec toute la liberté d'esprit et d'action qu'il puise dans ce mandat lui-même, et à laquelle d'ailleurs sa responsabilité lui donne bien quelque droit.

*
* *

Ainsi, sachant d'avance quel merveilleux musée d'art ancien allait être annexé à l'Exposition de 1865, grâce à la position élevée de quelques-uns des membres de la commission rétrospective, au caractère, à l'honorabilité, à la juste influence de tous, le Comité n'a-t-il pas hésité à faire construire le grand escalier qui conduit de la nef au premier étage du palais, au seuil même de ces salles que visiteront la France et l'Europe entière. La somme dépensée pour cette construction, pour forte qu'elle soit, lui a paru modérée devant les résultats qu'il attend avec confiance. Il sait oser, quand l'audace n'est que de la prévoyance.

Ainsi encore, il n'a pas cru devoir se rendre tout à

fait au vœu exprimé par la Commission de la médaille de 1863, quand elle demandait que le jury fût désormais nommé par le suffrage des exposants eux-mêmes.

Sans vouloir parler d'un scandale récent qui aurait frappé l'initiative individuelle d'un coup de mort, s'il n'y avait en elle une invincible vitalité, un Comité directeur, dont tous les membres se mettent spontanément hors de concours, et s'abstiennent de faire partie d'aucun jury, n'offre-il pas les plus irrécusables garanties de justice et d'impartialité absolues dans le choix qu'il se réserve de faire des jurés?

Ce Comité est parvenu, on sait après quels labeurs, à donner un corps à une idée qui flottait dans l'air depuis près de trois quarts de siècle : il veut que son œuvre vive, et il ne l'abandonnera à aucun hasard !

Cependant les hommes et les choses qui émanent du suffrage de tous portent en eux un caractère si imposant et si sacré, que le Comité a voulu faire entrer dans le jury qu'il nommera lui-même cet élément dont il reconnaît toute l'autorité.

*
* *

On lit dans le *Moniteur universel* du 20 juin dernier :

« Mercredi dernier, dix neuf présidents et vice-présidents des chambres syndicales des industries d'art de Paris se sont réunis place Royale, n° 15, sur l'invitation du Comité fondateur de l'Union centrale des Beaux-Arts appliqués à l'industrie. Ces honorables industriels, qui avaient bien voulu concourir à former, au sein de cette importante société, un *conseil manufacturier des industries d'art,* dont on comprendra bientôt la grande utilité, étaient venus là pour nommer leur bureau et se constituer. Avant le vote pour la formation du bureau, M. le Président de l'Union centrale, qui les avait reçus, et leur avait fait, avec ses collègues du Comité, les honneurs du Musée et de la Bibliothèque, les a introduits dans la salle des cours et leur a adressé le discours suivant :

« Messieurs du Conseil manufacturier des industries d'art, nul d'entre vous, j'en suis persuadé, ne s'étonnera que ma première impression, en vous voyant ici, soit toute de contentement, que ma première parole soit un cri de joie et d'espérance ! Et votre seule présence à la place Royale me dit clairement que vous partagez le même sentiment. Comment en serait-il autrement, en effet, et qu'y a-t-il au fond de cette réunion ? Il y a les représentants de nos plus florissantes industries d'art, nommés directement et par la voie du suffrage universel, par leur libre corporation (conservons ce mot, messieurs, notre langue n'en présente pas de plus juste, et il ne saurait réveiller aucune crainte surannée, quand on y marie intimement l'idée de liberté dans le travail) ; il y a des cœurs bienveillants et loyaux, des esprits sérieux et éclairés qui, après avoir pris connaissance du but que nous poursuivons, et l'avoir trouvé bon, viennent avec le plus généreux désintéressement nous aider à l'atteindre.

« Mais ce but, quelque étude que vous ayez pu en faire, peut-être ne l'avez-vous pas embrassé dans toute son étendue ; peut-être que quelques-uns d'entre vous, entraînés par leur sympathie pour les hommes qui le poursuivent, se sont rendus à notre invitation sans être entièrement édifiés sur la nécessité et sur l'urgence qu'il y a à le poursuivre. S'il en était ainsi, veuillez écouter l'extrait que je vous demande la permission de vous lire, d'un document dont il me suffira de vous nommer l'auteur pour vous faire comprendre toute l'autorité qui s'y rattache.

« La nécessité de répandre l'enseignement des beaux-arts, écrit M. Michel Chevalier dans l'*Introduction* placée en tête des *Rapports des membres de la section française du jury international sur l'ensemble de l'Exposition universelle de 1862*, la nécessité de répandre l'enseignement des beaux-arts parmi les populations ouvrières est certainement indiquée par l'intérêt général de la civilisation française ; car, y a-t-il une véritable civilisation là où manque le sentiment du beau ? En se restreignant, comme il convient ici, à ce qui est d'utilité industrielle, il est indispensable que les ouvriers d'une partie au moins des manufactures soient initiés aux arts de la forme, du dessin et de la couleur, par des cours appropriés. C'est obligatoire en France, parce qu'une bonne partie de nos succès industriels tient à la supériorité du goût français. Il est essentiel que l'enseignement des beaux-arts soit mis à un niveau élevé dans celles de nos cités qui en sont déjà pourvues, et qu'on l'étende à d'autres villes où les manufactures ont acquis une grande consistance depuis un quart de siècle, et qui, néanmoins, sont encore privées de cette éducation spéciale.

« Car, là aussi, il peut arriver que les premiers deviennent les derniers, et que les derniers soient à leur tour les premiers. Il y a quatre cents ans, qu'étions-nous nous-mêmes, en fait de goût, dans la plupart des beaux-arts? Ce que Voltaire appelait des Welches. Les Italiens, au contraire, avaient la palme. La roue de la fortune a tourné : l'Italie ne compte plus dans les beaux-arts, la musique exceptée, si ce n'est par son passé, et le premier rang nous est échu. N'y a-t-il pas, dans ce revirement, un éloquent enseignement du sort qui pourrait nous être réservé à nous-mêmes si nous cessions de faire des efforts?

« Si notre supériorité, en fait de goût, demeurait incontestée, si aucune rivalité ne surgissait, de manière à inquiéter notre suprématie, nous pourrions demeurer tels que nous sommes, et nous endormir dans notre triomphe dont nous nous flatterions de jouir à perpétuité; mais il n'y a pas de brevet perpétuel pour l'excellence artistique ni pour aucune autre. Il nous survient des émules, et la prééminence de la France dans le domaine du goût pourrait être ébranlée prochainement, si nous n'y prenions garde. Les juges les plus compétents remarquent, dans les applications de l'art à l'industrie chez nous, quelques symptômes de décadence. C'est ce qui a été très-bien dit et fortement motivé par M. Mérimée dans un rapport spécial à l'occasion des articles d'ameublement. Les observations de M. Badin, dans son rapport sur les tapis, sont dans le même sens; or, tandis que nous sommes stationnaires, d'autres s'élèvent. Le mouvement ascendant est visible surtout chez les Anglais. Tout le monde a été frappé du progrès qu'ils ont fait, depuis la dernière exposition, dans le dessin des étoffes et la distribution des couleurs, ainsi que dans la ciselure et la sculpture, et en général dans les articles d'ameublement. Jusque-là, il faut le dire, ils étaient plutôt renommés pour leur mauvais goût; mais ils ont compris que c'était affaire d'éducation. Ils ont donc institué, avec beaucoup d'intelligence et avec cette persévérance qui leur est habituelle, l'enseignement des beaux-arts en vue de l'avancement de leur industrie. Tout le monde y a concouru : l'Etat, par la branche d'administration publique qui porte le nom de *Department of science and art*; les localités directement intéressées, par des votes annuels de fonds; les associations spéciales et les particuliers, par des souscriptions. On a puisé aussi largement dans le reliquat considérable qu'avait laissé l'Exposition de 1861. Le principal résultat de ces efforts combinés est le musée-école du sud de Kensington (*South Kensington Museum*), vaste établissement où un grand nombre de jeunes gens des deux sexes viennent se former dans les arts du dessin, par le moyen de bons modèles, et sous de bons professeurs, en même temps que des cours bien faits, et des collections heureusement disposées les initient aux sciences appliquées. Cette école-musée compte de nombreuses succursales dans les villes manufacturières... »

Vous l'avez entendu, messieurs, devant ces utiles avertissements de M. Michel Chevalier, qui confirment si bien ce qu'avait prévu, dès l'Exposition de 1851, M. le comte Léon de Laborde, les derniers doutes sur l'opportunité de ce que nous faisons, s'il en existait encore dans votre esprit, sont certainement dissipés en ce moment ; vous comprenez à cette heure, qu'en dehors du patriotisme, les plus légitimes intérêts du travail national établissent surabondamment la pleine raison d'être de notre tentative. L'Angleterre, s'inspirant d'idées toutes françaises, nous a précédés dans ces fondations qui transforment l'ouvrier en artiste. Faisons après elle comme elle, et qu'il en soit encore ici comme à Fontenoy!

Si, de votre côté, vous vous êtes donné la main et unis entre vous, c'est que vous aviez confiance dans la puissance de cette initiative individuelle qui s'épanouit aujourd'hui sous la parole féconde du chef de l'Etat; c'est que vous étiez pénétrés de cette vérité vieille comme le monde, qui nous

apprend que l'association atteint d'es résultats absolumen t
hors de la portée des forces individuelles isolées, quelque
grandes d'ailleurs que puissent être celles-ci. Mais que nos
sociétés, tout en poursuivant leur mission respective et distincte. s'unissent entre elles et joignent, dans un effort commun vers un même but, leurs forces accumulées, à quoi ne
peuvent-elles pas prétendre?

« Vous av z compris cela, messieurs, et mettant de c ôté
toutes ces passions mesquines stériles et mauvaises qui
naissent de l'égoïsme, de l'envie, de la crainte de prêter l'é-
paule à des ambitions gratuitement supposées, vous, les dignes
présidents et vices-présidents des chambres syndicales des industries d'art de Paris, vous avez voulu unir vos forces aux
nôtres ; vous avez consenti à former au sein de l'Union centrale ce *conseil manufacturier* qui rendra, j'en ai la plus
entière conviction, d'eminents services à toute cette partie
de la production française qui relève de l'art.

« Grâces vous soient rendues pour ce que vous faites! moins
pour nous que pour le pays! Mais laissez-moi vous le dire en
finissant, ce que vous faites profitera aussi à votre institution
et augmentera sa juste influence : avoir aidé notre art et nos
industries d'art à garder leur vieille suprématie ne sera pas
le moindre titre parmi tous ceux que les chambres syndicales de Paris se sont déjà acquis et s'acquièrent tous les jours
à la bienveillance des pouvoirs publics et à la reconnaissance
de la France. »

Après ce discours, M. Guichard a donné lecture de la décision
suivante, prise par le comité dans sa séance du 17 mai dernier :

« Le comité d'organisation de l'Union centrale des Beaux-
Arts appliqués à l'industrie,

« Vu la signification compréhensive de son titre lui-
même ;

« Considérant que, dans les productions dont il s'est donné
la mission de développer les progrès, il y a à examiner et à
encourager deux choses qui, se confondant intimement dans
leurs fins, n'en sont pas moins distinctes dans leur essence :
la pensée, la forme, la couleur, l'art, en un mot, d'un côté ;
de l'autre, le procédé, l'exécution, l'application industrielle
de cet art ;

« Considérant que déjà, par la création de la commission consultative des beaux-arts appliqués à l'industrie, composée d'artistes et d'écrivains spéciaux, le Comité d'organisation a assuré à l'art des juges, et, au besoin, des conseillers et des maîtres d'une compétence notoire ;

« Considérant qu'il est indispensable de faire pour l'industrie que l'art inspire et embellit ce qui a été fait pour l'art lui-même, c'est-à-dire d'assurer aussi des juges éclairés aux divers procédés pratiques par lesquels le modèle de l'artiste est transformé en produit industriel ;

« Qu'il y a lieu, en conséquence, d'instituer au sein de l'Union centrale, une seconde commission exclusivement chargée de veiller aux intérêts et aux progrès de l'ordre purement industriel, et qui, pour éviter toute confusion, prendrait le titre de *Conseil manufacturier des industries d'art* ;

« Considérant qu'il serait difficile de rencontrer un groupe d'hommes plus autorisés et plus aptes à former un semblable conseil que les présidents et les vice-présidents des chambres syndicales des industries d'art, dont la compétence, dans l'espèce, a été hautement reconnue par le suffrage général de leurs confrères, desquels ils tiennent leur mandat;

« Se glorifiant d'ailleurs d'être né de l'initiative individuelle, et voulant s'appuyer de préférence sur ce principe vivifiant partout où il le rencontrera agissant avec intelligence, énergie et loyauté, dans un intérêt national;

Par ces motifs, le Comité d'organisation de l'Union centrale des Beaux-Arts appliqués à l'industrie décide :

ARTICLE PREMIER.

Un conseil manufacturier des industries d'art est créé à l'Union centrale.

ART. 2.

Les membres de ce conseil sont nommés par le Comité d'organisation pour une année, et sont rééligibles.

9.

ART. 3.

Le président dudit conseil est nommé par le Comité d'organisation.

ART. 4.

Son bureau est composé, en outre, de deux vice-présidents, d'un secrétaire-adjoint, qui sont nommés par le conseil manufacturier des industries d'art.

ART. 5.

Les membres dudit conseil sont pris parmi les présidents et vice-présidents des chambres syndicales des industries d'art, et, afin de le compléter au besoin, parmi les industriels qui font partie de l'Union centrale comme membres cofondateurs ou adhérents.

ART. 6.

Le conseil manufacturier des industries d'art donne son avis sur toutes les questions industrielles que le Comité d'organisation lui renvoie.

ART. 7.

Lors des expositions faites par l'Union centrale, ledit conseil apporte au jury des récompenses le concours de son expérience pratique dans les questions de fabrication.

ART. 8.

Chaque section du jury choisit un ou plusieurs membres dudit conseil suivant leur compétence industrielle, et se les adjoint, à titre d'experts, dans l'examen des produits qu'elle a à juger.

ART. 9.

Les experts ainsi appelés au sein de chaque section du jury ont seulement voix consultative.

Art. 10.

Ils sont, en tant que membres du conseil, et surtout par le fait
de leur adjonction au jury, mis hors de concours.

Art. 11.

Les membres du conseil manufacturier des industries d'art sont,
en outre, chargés de s'assurer que les produits d'aucun exposant
n'ont échappé à l'examen du jury des récompenses. Ils reçoivent
les observations et les réclamations qui leur semblent justes, et
adressent à leurs jurys respectifs, par l'entremise de leurs présidents, des notes indiquant les omissions et les erreurs qui auraient
pu être faites. Au besoin, et le cas échéant, ils se font les avocats
d'office des exposants. Mais ils n'interviennent dans les délibéra-
tions que pour constater les faits et soutenir, s'il y a lieu, les réclamations en se renfermant toujours dans les considérations industrielles.

Art. 12.

Dans le cas où des modifications au présent arrêté deviendraient
nécessaires, le Comité d'organisation les notifierait au président du
conseil manufacturier des industries d'art.

Arrêté en séance du Comité d'organisation, le 17 mai 1865.

Pour copie conforme,

Le secrétaire :

Ernest Lefébure.

Le président :

E. Guichard.

« Cette lecture achevée, M. Guichard a annoncé à l'assemblée que le Comité d'organisation, en vertu de l'art. 3 du règlement, avait choisi pour présider le conseil manufacturier
M. Allain-Niquet, président du comité général de l'Union nationale du commerce et de l'industrie.

« L'honorable M. Allain-Niquet a pris place alors au fauteuil, et, après avoir remercié les directeurs-fondateurs de

l'Union centrale et dit tout le dévouement avec lequel il remplirait les délicates fonctions qui lui étaient confiées, a invité les membres présents à élire deux vice-présidents, un secrétaire et un secrétaire-adjoint.

« On a procédé à ces votes, et, ici, les présidents et vice-présidents des chambres syndicales de l'Union nationale ont donné une preuve de bon goût et de courtoisie que nous nous plaisons à constater. Ils formaient les trois quarts de l'assemblée, et le premier vice-président élu a été M. Desouche, l'habile fabricant de voitures, président de la chambre syndicale de la carrosserie, laquelle ne fait point partie de l'Union nationale. M. Grohé, notre célèbre ébéniste, a été ensuite nommé, à l'unanimité, deuxième vice-président. Puis ont été élus : secrétaire, M. Lemoine fils ; secrétaire-adjoint, M. Berthaud.

« Nous donnerons prochainement la liste complète des membres du conseil manufacturier des industries d'art.

« En résumé, c'est là pour elles une bonne journée, et nous félicitons de grand cœur le Comité d'administration de l'Union centrale d'avoir, en créant dans son sein cette nouvelle institution, assuré à ceux qui la font fleurir, des défenseurs aussi éclairés que dévoués. C'est peut-être la solution la plus heureuse qu'on pût apporter à cette question, toujours si grave et depuis si longtemps débattue, du meilleur mode de formation des jurys de récompense, et ce barreau d'un nouveau genre, partout et toujours debout devant le tribunal appelé à se prononcer en dernier ressort sur le mérite des exposants, ne peut manquer de leur donner pleine confiance dans la justice des verdics qui interviendront à leur égard. »

Dans les premiers jours de septembre, le Comité publiera, conjointement avec la liste des membres du jury des récompenses, celle des membres du Conseil manufacturier des industries d'art.

Le Comité d'organisation,

✳ E. Guichard, président ;

✳ Sajou, vice-président ;

Aug. Lefébure fils, secrétaire ;
Lenfant, secrétaire-adjoint ;
F. Bergon, trésorier ;
✳ Chocqueel, de la commission des fonds ;
✳ Hermann, de la commission administrative ;
✳ Lerolle, de la commission d'achats d'objets d'art ;
Mazaroz-Ribaillier, id. id. id.
Ph. Mourey, archiviste ;
Rousseau (Eug.), de la commission administrative ;
Schaeffer-Erard, id. id.
Turquetil, de la commission des fonds ;
Veyrat, de la commission administrative ;
Bardou, id. id.

II

DOCUMENTS CONCERNANT L'EXPOSITION

Nous avons placé dans cette seconde partie de l'introduction toutes les pièces qui ont exclusivement rapport à l'Exposition de 1865.

Les voici dans l'ordre de leur publication :

EXPOSITION DE 1865

AU PALAIS DE L'INDUSTRIE

Organisée par l'Union centrale des Beaux-Arts appliqués à l'industrie
et autorisée par S. Exc. le Ministre
de la Maison de l'Empereur et des Beaux-Arts.

M. E. GUICHARD, *président du Comité d'organisation.*

But de l'Exposition. — Son caractère. — Époque de son ouverture. — Ses organisateurs. — Sa classification générale.

Afin d'entretenir en France la culture des arts qui poursuivent la réalisation du beau dans l'utile ;

Afin d'aider aux efforts des hommes d'élite qui se préoccupent du progrès du travail national depuis l'école et l'apprentissage jusqu'à la maîtrise ;

Afin d'exciter l'émulation des artistes dont les travaux vulgarisent chez nous le sentiment du beau, améliorent le goût public et tendent à conserver à nos industries d'art, dans le monde entier, leur vieille et juste prééminence,

Une Exposition des Beaux-Arts appliqués à l'Industrie aura lieu à Paris en 1865.

Elle s'ouvrira le 10 août prochain, au Palais de l'Industrie,

Et sera close le 10 octobre, à moins de prolongation.

Elle est organisée et administrée gratuitement par le Comité fondateur de l'Union centrale des Beaux-Arts appliqués à l'industrie, dont les membres payent leurs places comme tous les exposants, s'interdisent de faire partie des Jurys d'admission et de récompenses, et se mettent, comme à l'Exposition de 1863, hors de concours.

L'Exposition de 1865 comprendra :

Premier groupe. — Toutes les œuvres d'Art composées en vue de la reproduction industrielle ;

Deuxième groupe. — Les productions des Industries d'art ;

Troisième groupe. — Les Modè'es et les Produits envoyés par les Arti-tes et les Industriels qui voudront prendre part aux divers Concours fondés par l'Union centrale ;

Quatrième groupe. — Les travaux des Elèves de toutes les

écoles de dessin de Paris et des départements, lesquels seront invités à figurer à l'Exposition ;

Cinquième groupe. — Des collections d'objets de tous les Arts décoratifs des grandes époques précédentes, les plus propres à fournir de féconds enseignements aux artistes contemporains ;

Sixième groupe. — Des dessins et des modèles originaux pour l'industrie, la décoration, etc., laissés par les anciens maîtres.

Recettes et dépenses.

Les recettes de toute nature serviront à payer les frais de l'Exposition, et l'excédant qui pourrait en résulter appartiendra à l'Union centrale et servira à l'accroissement du Musée et de la Bibliothèque fondés place Royale, n° 15.

Dans le cas où les recettes ne couvriraient pas les dépenses, la perte serait supportée par les membres du Comité d'organisation, sans qu'ils puissent faire aucun appel de fonds ni aux exposants, ni aux cofondateurs et adhérents de l'Union centrale. (Voir les Statuts.)

RÈGLEMENT

Dispositions générales et particulières.

ARTICLE PREMIER.

Afin de subvenir aux frais de l'Exposition, et d'augmenter l'importance de l'Institution que le Comité a fondée au centre de la fabrique de Paris, et qui comprend :

1° Un Musée rétrospectif et contemporain ; 2° une Bibliothèque d'art ancien et moderne ; 3° des Cours spéciaux ayant rapport à l'Art appliqué, et des Entretiens familiers de nature à propager les connaissances le plus essentielles à l'artiste et à l'ouvrier qui veulent unir le beau à l'utile ;

1° Le droit d'entrée sera perçu comme suit :
Le dimanche, 25 centimes.
Le lundi, mardi, mercredi, jeudi et samedi, 50 cent.
Le vendredi, 1 fr.

2° Tout membre cofondateur de l'Union centrale des Beaux-Arts appliqués à l'industrie, place Royale, n° 15, a droit, sur la présentation de sa carte de *cofondateur :* 1° à une entrée personnelle pendant toute la durée de l'Exposition ; 2° à l'entrée gratuite d'une personne qu'il devra accompagner, s'il veut profiter de cette faveur.

3° Toute personne qui souscrira pour une somme de 36 fr. par an, comme *adhérent* à l'Union centrale des Beaux-Arts appliqués à l'industrie, et qui aura payé sa cotisation de l'année entière, si toutefois elle n'est pas périmée, aura droit, sur la présentation de sa carte d'adhérent, à une entrée personnelle pendant toute la durée de l'Exposition.

4° L'emplacement occupé au Palais de l'Industrie par chaque exposant des deux premiers groupes de la classification, c'est-à-dire par les œuvres faites en vue de la reproduction industrielle (en dehors des concours), et par les productions des industries d'art, sera payé ainsi qu'il suit :

1° Les œuvres des artistes qui, comme les tableaux, occuperont une surface *perpendiculaire* et ne dépasseront pas une épaisseur de 15 centimètres, payeront par mètre *superficiel :*
De 1 à 10 mètres, 6 fr. par mètre et par mois.
Les mètres en plus, 2 fr. par mètre et par mois.

2° Pour les objets fabriqués et ne rentrant pas dans les conditions ci-dessus :
De 1 à 10 mètres, 12 fr. par mètre et par mois.
Les mètres en plus jusqu'à 20 mètres, 6 fr. par mètre et par mois.

Les mètres au-dessus de 20 mètres, 2 fr. par mètre et par mois.

La superficie horizontale sera seule calculée, sans qu'il soit tenu compte de la hauteur.

ART. 2.

Il ne sera pas accordé moins d'un mètre.

ART. 3.

L'exposant n'aura à payer que *deux mois*. Dans le cas où l'Exposition serait prolongée au delà de ce terme, il jouirait gratuitement de sa place durant toute la prolongation.

ART. 4.

Chaque exposant, en faisant acte d'adhésion, aura à indiquer le nombre de mètres qui lui seront nécessaires, et qu'il sera tenu d'occuper pendant toute la durée de l'Exposition.

ART. 5.

Dans le cas où l'exposant obtiendrait du Comité d'organisation la faculté d'occuper un nombre de mètres plus grand que celui qu'il aurait primitivement souscrit, il aurait à tenir compte de la différence en plus, suivant le relevé qui en serait fait par l'architecte de l'Exposition.

ART. 6.

Chaque exposant aura à payer un mois de son emplacement à l'avance, et ce au plus tard le 31 mai. Le second mois sera exigible quinze jours après l'ouverture de l'Exposition.

ART. 7.

Il sera remis à chacune des personnes qui désireront prendre part à l'Exposition, un bulletin imprimé où elle indiquera ses nom, prénoms, profession et adresse, la nature de ses produits, en même temps que le nombre de mètres dont il a été question à l'article 4.

Art. 8.

Ces bulletins devront être envoyés au secrétariat de l'Union centrale, place Royale, 15, au plus tard le 31 mai.

Art. 9.

Un livret, qui ne sera que la transcription textuelle ou le dépouillement analytique de ces bulletins, sera publié par les soins du Comité d'organisation le jour même de l'ouverture de l'Exposition. L'exposant qui n'aurait pas suivi les prescriptions des art. 7 et 8 ne devrait s'en prendre qu'à lui, si sa notice laissait trop à désirer, ou si elle n'avait pu être insérée audit livret.

Art. 10.

Les ouvrages et les produits devront être adressés franc de port au bureau de classement de l'Exposition, et devront être rendus au Palais de l'Industrie avant le 15 juillet.

MODÈLE D'ADRESSE.

A M. le Président

de l'Exposition des Beaux-Arts appliqués

au Palais de l'Industrie.

(Franco.)   Paris.

Envoi de

Demeurant

Nature du produit.

Art. 11.

Les frais de montage, de démontage, de réemballage, demeureront à la charge de l'exposant.

Art. 12.

Les arrangements et aménagements particuliers seront à la charge des exposants, et ne pourront être exécutés que conformément au plan général.

Des entrepreneurs se tiendront à la disposition des exposants ; leurs mémoires, s'il y a lieu, seront réglés par l'architecte de l'Exposition, sur la demande qui en sera faite à l'agent général.

Cependant les exposants pourront employer, avec l'autorisation du Comité d'organisation, tels ouvriers qu'il leur plaira.

Art. 13.

L'agent général, dont il vient d'être question, nommé par le Comité d'organisation, est chargé de veiller à ses décisions. C'est à lui que devront être adressées toutes les demandes et réclamations concernant le service.

Art. 14.

Le Comité prendra toutes les mesures nécessaires pour préserver les objets exposés de toute chance d'avarie, mais, dans le cas de dégâts ou d'incendie, le dommage resterait à la charge de l'exposant.

Art. 15.

Les produits seront surveillés par un personnel convenable, mais le Comité ne sera pas responsable des vols ou détournements qui pourraient être commis.

Art. 16.

Chaque exposant pourra faire garder ses produits par un représentant de son choix, mais il devra déclarer au préalable le nom et la qualité de ce représentant, à qui il sera délivré une carte d'entrée personnelle. Cette carte ne pourra être cédée ni prêtée sous peine de retrait. Il en sera de même pour celle à laquelle chaque exposant aura droit.

10.

Art. 17.

Aucun objet exposé ne pourra être reproduit sous quelque forme que ce soit, sans une autorisation signée de l'exposant, et qui restera entre les mains de l'agent général.

Du Jury d'admission et du Jury des récompenses.

Art. 18.

Un Jury d'admission retiendra les œuvres et les produits qu'il jugera dignes de concourir au but de l'Exposition; il pourra exclure ceux qui seraient en dehors des deux premiers groupes de la classification.

Art. 19.

Le Jury des récompenses, dans son examen des œuvres et des produits, aura à examiner avant tout la pensée, la forme, la couleur, l'art en un mot, de l'objet soumis à son appréciation. Les autres questions dont il pourrait avoir à s'occuper ne seraient que secondaires.

Des Récompenses.

Art. 20.

Outre une somme de 7,000 francs votée par le Comité d'organisation pour être appliquée à différents prix de concours ouverts entre les architectes, peintres, dessinateurs, sculpteurs et modeleurs, des récompenses exceptionnelles et d'autres de 1re et 2e classe seront mises à la disposition du Jury, savoir:

1° Grands prix d'honneur...................... OR.
2° — de 1re classe........................... ARGENT.
3° — de 2e classe .... BRONZE.
4° Mentions honorables.

Art. 21.

Les récompenses seront distribuées en séance solennelle à la fin de l'Exposition.

Des Concours avec primes en numéraire. ouverts entre les Architectes, Peintres, Dessinateurs, Sculpteurs et Modeleurs (1).

ART. 22.

Les artistes qui désireront concourir à l'un ou à plusieurs des prix concernant les concours avec primes en numéraire, devront se faire inscrire, à dater du 15 février jusqu'au 15 mai, au secrétariat de l'Union centrale, place Royale, 15, et devront indiquer à quel concours ils veulent prendre part.

ART. 23.

Dans le cas où un artiste voudrait s'inscrire pour plusieurs concours, il devra en faire la déclaration au secrétariat, où il lui sera délivré un bulletin distinct pour chacun des concours choisis par lui.

ART. 24.

Les œuvres destinées à ces concours seront exemptes de tout droit de place. Il ne sera perçu qu'un droit d'inscription de 3 francs pour chaque inscription.

ART. 25.

Tout concurrent aura droit à une carte d'entrée personnelle valable pour toute la durée de l'Exposition. Cette carte sera remise au titulaire, lors de la réception de l'œuvre destinée à l'un des concours.

ART. 26.

Les œuvres des concurrents ne seront pas signées. Chaque concurrent devra remettre au secrétariat un billet cacheté portant en

(1) Voir le programme des concours de 1865, au secrétariat de l'Union centrale, place Royale, n° 15.

suscription une devise ou un signe correspondant à la devise ou au signe apposé sur son œuvre. Le même billet portera son nom et son adresse, avec la déclaration que son œuvre est *inédite* et *originale*. Il pourra, comme il est dit à l'art. 22, envoyer plusieurs œuvres pour le même concours, en leur donnant à chacune une devise distincte.

ART. 27.

Les concurrents conserveront la toute propriété de leurs œuvres. L'Union centrale se réserve toutefois le droit de faire dessiner ou photographier, pour sa bibliothèque, les produits couronnés.

ART. 28.

Ces œuvres devront être adressées franc de port au bureau de classement de l'Exposition, et ne seront reçues au Palais de l'Industrie que jusqu'au 15 juillet, cinq heures du soir, terme de rigueur.

ART. 29.

Dès que ces œuvres auront été reçues et enregistrées au Palais de l'Industrie, nul ne sera admis à les retoucher.

ART. 30.

Les produits de chaque concours seront exposés dans les divisions d'une même salle d'honneur, au palais des Champs-Elysées, où les programmes seront affichés.

ART. 31.

Le Jury des récompenses, appelé à les juger, commencera son travail quinze jours après l'ouverture de l'Exposition, et statuera, d'après un rapport motivé, sur les récompenses à décerner.

ART. 32.

Le jugement devra être prononcé avant l'expiration du premier mois de l'Exposition. Aussitôt après, le Jury procédera à l'ouverture des lettres cachetées, et les noms des lauréats seront inscrits sur leurs œuvres, ainsi que la mention des récompenses. Ceux des autres concurrents ne seront indiqués que sur leur demande.

ART. 33.

Tout concurrent qni n'aura pas rempli les conditions prescrites par le règlement et par les programmes spéciaux sera mis hors concours.

ART. 34 ET DERNIER.

En dehors de ces concours avec primes en numéraire, tout artiste pourra encore envoyer à l'Exposition générale des œuvres faites en vue de la reproduction industrielle ; mais dans ce cas il devra se conformer au tarif du droit des places indiqué à l'art. 1er du présent règlement. Il concourra alors aux récompenses de 1re et de 2e classe, ainsi qu'aux grands prix d'honneur.

ARTICLE SUPPLÉMENTAIRE.

Si des changements ou additions an présent règlement devenaient nécessaires, ils seraient affichés dans les salles de l'Exposition, le our de l'ouverture.

Certifié conforme à la délibération du Comité d'organisation, dans sa séance du 6 février 1865.

Le secrétaire,   *Le président du Comité,*

AUG. LEFÉBURE fils.   E. GUICHARD.

(Suivent les signatures des membres du Comité.)

PROGRAMMES

POUR LES CONCOURS AVEC PRIMES EN NUMÉRAIRE

CONCOURS DE COMPOSITION

D'ART APPLIQUÉ A L'INDUSTRIE

Sont appelés à concourir : les Architectes, Peintres, Dessinateurs,
Sculpteurs et Modeleurs.

I. Art appliqué à la décoration de l'habitation.

1er PROGRAMME. — *L'encadrement d'une porte de
maison d'habitation.*

Cette décoration serait supposée devoir être exécutée
en pierre. Les dimensions de la baie seraient de **2** mètres de largeur sur 3 m. 50 de hauteur.

Les compositions seront modelées ou dessinées à l'échelle du
1/3 de l'exécution.

Prix de l'Union centrale,   **500** fr.

2e PROGRAMME. — *La décoration peinte d'une porte
de salon.*

Cette porte serait supposée à deux vantaux et composée de quatre panneaux principaux de menuiserie. Les dimensions seraient 1 m. 60 de largeur et 3 mètres de hauteur.

Prix de l'Union centrale, **500** fr.

II. Art appliqué à la tenture de l'habitation.

3ᵉ PROGRAMME. — *Un tapis pour cabinet de travail.*

La pièce qui devrait recevoir ce tapis aurait 6 mètres de largeur sur 8 mètres de longueur. Cette composition sera traitée dans un style sévère ; on devra éviter l'emploi des figures et celle des fleurs et ornements modelés. La tonalité générale devra être soutenue, très-harmonieuse, supporter tous les tons qu'on pourra introduire dans l'ornementation ou le mobilier de la pièce et ne pas nuire par des parties voyantes aux tableaux qui orneraient ce cabinet.

Les compositions coloriées pourront ne reproduire que le 1/4 de l'ensemble du tapis et être exécutées au 1/4 de la grandeur réelle.

Prix de l'Union centrale, **500** fr.

4ᵉ PROGRAMME. — *Dessin de tenture et bordure devant être exécutées en papier peint.*

Cette tenture, destinée à une chambre à coucher, devra avoir été composée pour ce concours.

Le dessin, grandeur d'exécution, devra avoir 1 mètre 30 de hauteur sur 0 mètre 50 de largeur. — Deux coups de planche et papier raisin.

Prix de l'Union centrale, **500** fr.

III. Art appliqué au mobilier.

5e PROGRAMME. — *Une riche armoire à glace.*

Cette armoire, dont la largeur serait de 1 m. 50, serait destinée à renfermer de riches objets de toilette et devrait affecter à l'intérieur le caractère de luxe et de grâce féminine qui lui convient; elle serait supposée exécutée en bois exotique et pourrait être ornée de bronzes, incrustations métalliques, marqueterie ou émaux. Des girandoles devront y être appliquées. Les formes tourmentées devront être évitées, et l'on rappelle que c'est principalement dans une composition où divers éléments décoratifs viennent concourir à l'effet général qu'il convient de respecter les lois du repos et des contrastes.

Les dessins ou maquettes devront être coloriés, indiquer avec soin la variété des matières employées, être exécutés à l'échelle de moitié de la grandeur réelle et être accompagnés d'une coupe.

Prix de l'Union centrale, **500** fr.

IV. Art appliqué aux métaux usuels.

6e PROGRAMME. — *Un candélabre pour vestibule d'hôtel.*

Ce candélabre, supposé exécuté en bronze, serait composé avec ses accessoires d'éclairage au gaz. La hauteur totale de la composition sera de 2 mètres 50.

Les dessins ou modèles seront exécutés grandeur d'exécution.

Prix de l'Union centrale, **500** fr.

PRIX OFFERT

PAR LA COMMISSION CONSULTATIVE

DE L'UNION CENTRALE DES BEAUX-ARTS APPLIQUÉS A L'INDUSTRIE

7e PROGRAMME. — *Un dessin ou modèle en sculpture d'une coupe destinée à être offerte en prix à l'agriculture dans les concours régionaux.*

Cette coupe devra être composée de telle sorte que, par son ornementation et son volume, le prix de revient de chaque exemplaire, exécuté en argent, ne dépasse pas la somme de 3,000 francs, compris la valeur intrinsèque du métal et le prix de revient de l'exécution.

Le dessin ou modèle sera exécuté grandeur d'exécution.

Prix.....: **500** fr.

V. Art appliqué à la céramique.

Pas de concours cette année.

VI. Art appliqué aux étoffes de vêtements.

PRIX OFFERTS PAR LA CHAMBRE SYNDICALE

DES ARTISTES INDUSTRIELS

Concours spécialement réservé aux deesinateurs pour impressions sur étoffes.

8ᵉ PROGRAMME.

Sont appelés à concourir : Les dessinateurs pour robes, châles, foulards et rubans.

1ᵉʳ prix..... **200**   2ᵉ prix..... **100** fr.

9ᵉ PROGRAMME. — *Un dessin d'étoffe pour robe de soie riche, brochée.*

Le dessin colorié sera exécuté grandeur d'exécution.

Prix de l'Union centrale, **500** fr.

VII. Art appliqué aux parures.

Pas de concours cette année.

VIII. Art appliqué aux articles divers.

Pas de concours cette année.

CONCOURS DE COMPOSITION ET D'EXÉCUTION

DE PRODUITS INDUSTRIELS

DANS LESQUELS L'ART DOIT INTERVENIR.

Sont appelés à concourir : Les Industriels composant et exécutant, et les Artistes associés aux Industriels dans le but de composer et d'exécuter les produits mis au concours.

PREMIER PROGRAMME. — *Un ameublement de chambre à coucher.*

Un prix unique de 3,000 francs est affecté à un concours pour un ameublement complet de chambre à coucher dont l'ensemble, destiné aux plus *modestes fortunes,* pourra être vendu au meilleur marché possible.

Le Comité d'organisation,

Considérant, d'une part, que les industries de luxe ont toutes les ressources nécessaires pour rémunérer l'art qui les guide, et, par suite, pour maintenir leur vieille suprématie; — considérant, d'autre part, que les industries d'art, qui travaillent pour les classes peu aisées, sont loin d'avoir les mêmes ressources, et qu'elies

ne font la plupart du temps laid et mal que pour soutenir la concurrence du bas prix ; qu'il serait très-bon et
qu'il est possible de remédier à ce regrettable état de
choses ; que par la simplicité des lignes et des formes,
qui est une des conditions du beau, et par l'emploi de
matériaux peu coûteux mais convenables, le fabricant,
aidé d'ailleurs des nouveaux procédés exécutifs, si rapides et si économiques, peut livrer à très-bon marché des
objets d'ameublement marqués au coin du meilleur
goût.

ARRÊTE :

ARTICLE PREMIER.

Un concours est ouvert pour la *création et l'exécution* d'un ameublement complet de chambre à coucher

ART. 2.

Les concurrents pourront se présenter seuls, ou par groupes d'Artistes et d'Industriels réunis, dans le but, les uns de créer des modèles,
les autres d'exécuter ces modèles.

ART. 3.

Une somme de 3,000 fr. sera remise à l'auteur ou aux groupes
d'auteurs de l'ameublement qui, au jugement du Jury, réunira au plus
haut degré la beauté et la simplicité au bon marché.

Observations essentielles concernant ledit concours.

§ 1er. — La partie principale de ce concours reposera avant tout
sur la menuiserie ou l'ébénisterie, et c'est là surtout où devront se
réunir les efforts des concurrents.

§ 2. — Les objets principaux de cet ameublement seront : un lit, une armoire, une commode, une chaise, un fauteuil, une table de nuit, une étagère à livres, une petite table pliante avec tiroirs ; l'ornementation d'une fenêtre et celle du lit.

Nota. Il sera facultatif d'ajouter les rideaux de fenêtres et de lit, ainsi qu'un modèle de garniture de siége. (La literie n'est pas comprise dans ledit programme.)

§ 3. — La garniture de cheminée sera composée d'une pendule et de deux flambeaux ; elle sera exécutée en bois, marbre ou métal, mais d'une grande simplicité de lignes.

§ 4. — Les meubles pourront aussi bien être en bois apparent sapin, chêne, etc.) que recouverts de peinture à l'huile à un ou plusieurs tons, avec ou sans ornements. On évitera autant que possible l e vernis pour les bois apparents, de façon que le meuble puisse s'entretenir simplement à la cire (excepté pour la peinture à l'huile, où l'on pourra employer le vernis.)

§ 5. — Ne sera admise à concourir que toute œuvre *exécutée et nédite*, faite spécialement en vue *dudit programme*, et présentant au moins la recherche d'une idée neuve.

§ 6. — Chaque concurrent devra se conformer aux prescriptions des art. 22, 24, 25, 26, 27, 28, 29, 30, 31, 32 et 33 du règlement de l'Exposition concernant les concours.

§ 7. — Chaque concurrent sera tenu en outre, pour ce concours spécial, d'indiquer dans le billet cacheté indiqué à l'art. 26 du règlement le prix de vente de l'ameublement *complet*, ainsi que le prix de chaque objet *séparé*. Le Comité d'organisation se réserve le droit d'acquérir, à sa volonté, tout ou partie des objets exposés au concours. Il pourra en outre exiger sur commande la fourniture d'une quantité indéterminée de tout ou partie des modèles exposés, et ce au prix indiqué par l'exposant dans son billet cacheté.

§ 8. — Le prix de l'ameublement complet, comme il est désigné §§ 2 et 3, sera pris en sérieuse considération par le Jury, et, à mérite égal, deviendra le considérant décisif du jugement.

Prix..... 3,000 fr.

11.

PRIX DE L'UNION CENTRALE

DEUXIÈME PROGRAME. — *Un service de table en poterie commune.*

Ce service serait composé d'une soupière, d'une assiette, d'une saucière et d'un saladier.

En ouvrant un concours de poterie commune à l'usage domestique et en décernant un prix qui, sous une forme usuelle, contiendront l'ornementation la plus agréable à tous les yeux, l'Union centrale a voulu montrer que l'art pouvait relever l'objet le plus humble, un service de faïence, dont la forme offre un champ à toute espèce de décor, et dont le dessin et la coloration peuvent augmenter à la fois les notions de l'utile et du beau.

Si l'industrie moderne s'est arrêtée un instant au blanc pur émaillé comme offrant plus de facilités à une facture économique, depuis, des tentatives en France et à l'étranger ont témoigné, par la renaissance d'ornementations coloriées, qu'il était urgent de chasser les vulgarités de décors obtenus trop facilement par le système de l'impression.

Importé en France par les Anglais, au commencement de la Révolution, alors que les fabriques de faïence allaient disparaître, le triste et mécanique système par impression offrit longtemps aux yeux la déplaisante harmonie du noir et du blanc, et les intérieurs furent empoisonnés de misérables images sans esprit, décalqués sur de vulgaires terres de pipe.

Si aujourd'hui l'industrie est quelquefois arrivée par

ce système à des produits moins déplaisants, l'ornementation en général n'en est pas moins pauvre et médiocre.

Et, comme il est facile, grâce à une saine direction, de remplacer le commun par l'ingénieux, le laid par le beau, l'Union centrale ne repousse pas du concours ni les faïences décorées au moyen de poncis, ni celles ornementées par l'impression.

Tout ouvrage de terre dont la décoration est protégée par un émail a droit d'être admis au concours, que l'artiste sème sur le fond ou le contour de la céramique des caprices ornementatifs, des fleurs, des oiseaux, des fabriques, des figures, qu'il peigne sur fond cru ou sur fond cuit, qu'il choisisse le monochrome ou le polychome.

Ainsi est admis au concours pour le prix de 500 fr. *Un service peint à la main ou décoré au moyen de l'impression ou ornementé par le procédé de l'engobe, qu'il soit exécuté en faïence, porcelaine ou terre de pipe.*

Avec la solidité, *le bon marché,* la beauté de la forme, et l'harmonie de la coloration, l'Union centrale désirerait que soit déguisé, autant que tant possible, le côté mécanique, comme jadis les potiers de Rouen ou de Moustiers sauvaient, par un habile tour de main, les contours des poncis et des calques qui avaient servi à leurs curieuses ornementations.

Observations relatives à tous les concours.

L'Union centrale, loin de prescrire aucun style ou imitation d'une époque d'art déterminés, croit devoir, au contraire, solliciter les efforts vers la recherche d'une originalité qui, tout en respectant la tradition, ferait la part du sentiment moderne appuyé sur la raison. Cette dernière qualité ne saurait être méconnue dans un art qui a pour but principal de satisfaire à nos besoins et qui est forcé, pour y parvenir, de tenir compte des propriétés de la matière employée et des procédés rationnels de la fabrication.

Certifié conforme à la minute de la délibération, la commission consultative entendue.

Paris, 6 février 1865.

Du 15 au 31 mars, l'administration de l'Union centrale adressa à tous les chefs d'établissements d'instruction publique les lettres, les programmes, et les pièces qui suivent :

Paris, le 15 mars 1865.

MONSIEUR,

Le 10 août prochain s'ouvrira, au Palais de l'Industrie (Champs-Elysées), la grande exposition bis-annuelle des beaux-arts appliqués à l'industrie.

Parmi les divers groupes des productions de l'art et de l'industrie, que comprendra cette exposition, une place est réservée aux travaux des élèves des écoles et des classes de dessin de Paris et des départements.

En conséquence, le Comité d'organisation a l'honneur de vous prévenir qu'il mettra gratuitement à votre disposition l'emplacement que vous jugerez nécessaire à l'exposition des travaux de vos élèves, si, comme nou le désirons, vous pensez devoir prendre part à cette uti manifestation.

Dans ce cas, nous vous prierions, Monsieur, de vouloir bien nous indiquer le plus tôt possible le nombre de mètres superficiels qu'il vous faudrait, et, le moment venu, de choisir, pour nous l'envoyer, ce que vos élèves auront produit de plus digne d'être mis sous les yeux du public et d'un jury composé de nos premiers artistes.

Les dessins, *encadrés ou au moins tendus sur carton,* ainsi que les études moulées ou modelées, devront être rendus, franc de port, au Palais de l'Industrie, le 15 juillet au plus tard. Le programme qui accompagne cette lettre vous fera d'ailleurs connaître *in extenso* les conditions et règlements de l'exposition et des concours.

Agréez, Monsieur, l'assurance de notre considération très-distinguée.

Le Président de l'Union centrale,
E. GUICHARD.

PROGRAMMES

DE L'EXPOSITION ET DES CONCOURS DES ÉCOLES DE DESSIN DE FRANCE.

ARTICLE PREMIER.

Les écoles de dessin de Paris et des départements, ainsi que les classes de dessin des lycées, colléges et écoles normales primaires, sont appelées à l'Exposition qui s'ouvrira, le 10 août prochain, au palais des Champs-Élysées, sous la direction de l'Union centrale des Beaux-Arts appliqués à l'industrie.

ART. 2.

Seront admis librement à l'Exposition tout dessin, lavis, aquarelle, dessin d'après la bosse, d'après nature, d'ornement, etc., exécutés dans les années 1864 et 1865, s'ils sont présentés par les professeurs ou directeurs des écoles, ou des classes de dessin de France.

Art. 3.

Chaque ouvrage portera le nom et l'âge de l'élève, l'estampille de l'école ou l'établissemens universitaire, et la signature du directeur ou professeur.

Art. 4.

Des récompenses seront distribuées aux ouvrages les plus méritants désignés par le jury. Elles pourront êtres décernées, tant aux institutions, comme jugement d'ensemble, qu'à ceux des élèves qui se seront distingués d'une façon particulièrement remarquable.

Art. 5.

Les envois seront reçus au palais des Champs-Élysées, à partir du 1er juillet jusqu'au 15 juillet, terme de rigueur. Les frais d'envoi et de retour sont à la charge des expéditeurs, mais l'emplacement leur est accordé gratuitement.

Art. 6.

Des concours pour les élèves des écoles de dessin sont ouverts à l'occasion de l'Exposition, dans le but de stimuler dans ces établissements les études sur la nature et la composition.

PREMIER CONCOURS

Auquel sont appelés les garçons et filles âgés de moins de dix-huit ans, au 1ᵉʳ juillet 1865, et fréquentant les écoles de dessin de France.

PREMIER PROGRAMME. — *Un bouquet de fleurs des champs et de feuillages.* (D'après nature.)

La détermination des fleurs et l'arrangement de la composition sont laissés au choix des élèves, ce concours ayant pour but, tout en proposant un morceau d'exécution d'après nature, de provoquer la manifestation la plus libre du goût et de l'imagination.

DEUXIÈME PROGRAMME. — *Un dessin figurant un bas-relief ornemental.*

Ce bas-relief serait contenu dans un rectangle de 0,30 centimètres de large, sur 0,60 centimètres de hauteur. Il se composerait de rinceaux de feuilles d'acanthe distribuées symétriquement à droite et à gauche d'un axe fictif ou décoratif.

Les concurrents devront s'attacher moins à créer des formes nouvelles qu'à bien interpréter les modèles qu'ils ont eus sous les yeux dans le cours de leurs études ; ils devront à cet effet étudier l'emmanchement des rinceaux les uns dans les autres, leur donner toute la souplesse possible et se rendre compte des effets variés de la lumière sur les parties symétriques.

DEUXIEME CONCOURS

Auquel sont appelés les adultes des deux sexes, âgés de plus de dix-huit ans, au 1ᵉʳ juillet 1865, et fréquentant les écoles de dessin de France.

PROGRAMME. — *Une frise composée d'un développement indéterminé de rinceaux, dans lesquels se jouent des enfants avec des animaux naturels et chimériques.*

La composition dessinée ou modelée devra être exécutée dans un rectangle de 1 mètre 20 centimètres de longueur sur 0,30 centimètres.

Ce concours a pour but de rappeler que l'étude de l'ornementation ne doit pas être séparé d'une connaissance suffisante de la figure.

Les compositions pouvant être dessinées ou modelées, ce concours aura deux prix distincts l'un pour le dessin, l'autre pour le modelage.

DISPOSITIONS GÉNÉRALES RELATIVES AUX CONCOURS.

(*A*) Le procédé matériel d'exécution est laissé entièrement au choix de MM. les professeurs qui pourront éclairer leurs élèves dans la mesure des conseils qu'un maître peut donner; mais les compositions ne seront admises au concours qu'à la condition qu'elles porteront en marge une attestation du professeur établissant que le travail a été exécuté dans toutes ses parties sans collaboration étrangère.

(*B*) Chaque composition portera le nom et l'âge du concurrent, l'estampille de l'école ou de l'établissement universitaire qu'il suit, l'attestation donnée par le directeur ou le professeur de l'école ou de la classe, que le concurrent est dans les limites de l'âge exigé pour l'admission aux concours.

(*C*) Les compositions devront être remises au secrétariat de l'Union centrale, au palais des Champs-Élysées, jusqu'au 15 juillet. Passé cette époque, elles ne seront plus admises.

ART. 7.

Une salle spéciale où sera affiché le programme des concours est réservée pour l'exposition des ouvrages envoyés par les concurrents.

Le jugement relatif au concours, comme celui des ouvrages *admis librement*, sera rendu dans le courant de l'Exposition, et les ouvrages couronnés seront mis dans une place d'honneur avec la mention de la récompense qu'ils auront remportée.

———

Paris, ce 31 mars 1865.

M   ,

A l'appui de l'invitation de prendre part à l'Exposition et aux concours des écoles et des classes de dessin de France que j'ai l'honneur de vous adresser par la circulaire et le programme ci-inclus du 15 mars dernier, je crois devoir mettre sous vos yeux la circulaire de S. Exc. le ministre de l'instruction publique, en date du 9 mars, et la lettre que M. le sénateur préfet de la Seine a bien voulu m'écrire le 29 mars.

Permettez-moi d'espérer, M   , que vous ne voudrez pas rester étranger à une manifestation qui a obtenu de si hautes approbations.

Agréez l'expression de mes sentiments très-distingués.

Le Président de l'Union centrale,

E. GUICHARD.

Paris, 9 mars 1865.

MONSIEUR LE RECTEUR,

J'ai été informé qu'une exposition des beaux-arts appliqués à l'industrie s'organisait en ce moment par les soins de l'Union centrale des Beaux-Arts, et que les écoles de dessin de Paris et des départements étaient appelées à y prendre part dans des salles distinctes qui seraient réservées à leurs envois.

Je n'ai pas oublié les succès si légitimes obtenus à Londres par ces écoles municipales, et je ne doute pas qu'en s'associant à la nouvelle Exposition elles ne contribuent à son éclat; mais l'appel fait en cette circonstance s'adresse également à nos établissements d'instruction publique, et il conviendrait que les lycées, les colléges et les écoles normales primaires ne restassent pas étrangers à ce grand concours artistique.

Je vous prie donc, monsieur le Recteur, d'informer MM. les proviseurs, principaux et directeurs d'écoles normales dépendant de votre ressort académique, que, sans prétendre leur imposer une obligation à laquelle ils ne seraient peut-être pas tous en mesure de répondre, je verrais cependant avec satisfaction les meilleurs élèves de leurs établissements s'associer à la prochaine Exposition des beaux-arts.

J'ai l'honneur de vous envoyer le programme qui a été rédigé par le Comité d'organisation, afin que vous le communiquiez à MM. les chefs d'établissements.

Vous voudrez bien, monsieur le Recteur, m'accuser réception de la présente circulaire, et me tenir au courant des résultats qu'auront amenés, dans votre académie, les instructions qui y sont contenues.

Recevez, monsieur le Recteur, l'assurance de ma considération très-distinguée.

Le Ministre de l'Instruction publique,

Signé : V. DURUY.

A Monsieur Guichard, président du Comité d'organisation de l'Exposition des Beaux-Arts appliqués à l'industrie, place Royale, n° 15.

Paris, le 29 mars 1865.

MONSIEUR,

J'ai l'honneur de vous informer, en réponse à votre lettre du 13 courant, que j'autorise les directeurs et directrices des écoles communales et des écoles de dessin, subventionnées, à envoyer des spécimens de leurs travaux à l'Exposition que l'Union centrale organise actuellement, et à prendre part aux concours ouverts par elle à l'occasion de cette Exposition.

Agréez, Monsieur, l'assurance de ma considération très-distinguée.

Le Sénateur Préfet de la Seine,

Signé : BARON HAUSSMANN.

Enfin, dans les premiers jours d'avril, la lettre et le règlement ci-dessous étaient adressés à nos principaux collectionneurs d'objets d'art :

Paris, le 1er avril 1865.

Monsieur,

Le Comité d'organisation de l'*Union centrale des Beaux-Arts appliqués à l'industrie* a décidé qu'au moment où nos industriels se préparent au concours européen de 1867, une exposition d'objets d'art, d'industrie et d'ameublement des temps passés, serait organisée par ses soins et à ses frais.

Une commission spéciale a été formée dans le but de poursuivre et mener à bonne fin cette œuvre toute nationale, et il a résolu qu'un appel serait adressé à tous les principaux collectionneurs et propriétaires des objets les plus saillants de l'antiquité, du moyen âge, de la Renaissance et des siècles derniers, de tous les pays, pour les inviter à prendre part à cette exposition, qui aura un véritable intérêt pour l'histoire de l'art et pour son application au développement de l'industrie.

Les musées de l'État, les grandes collections publiques renferment d'immenses richesses mises à la disposition de tous et dans lesquelles l'art et l'industrie modernes ont su puiser, dans ces derniers temps surtout, de si précieux enseignements ; mais des trésors en tous genres sont accumulés dans les galeries particulières où peu d'élus sont admis à pénétrer ; des objets

12.

d'un haut intérêt pour l'histoire de l'art sont disséminés de côté et d'autre. Rassembler ces collections et ces objets précieux, les exposer temporairement sous les yeux du public d'une manière digne et utile pour tous, favoriser par leur réunion l'étude des temps anciens et le développement des industries qui relèvent de l'art, tel a été le but que s'est proposé l'*Union centrale*, et pour la réussite duquel elle n'a reculé devant aucun sacrifice, but essentiellement désintéressé, puisque le produit, s'il y a lieu, en sera appliqué à l'éducation de nos ouvriers et au perfectionnement de nos professions industrielles.

Le Comité d'organisation a pensé, Monsieur, que vous apprécieriez les avantages d'une pareille exposition, et il espère que vous voudrez bien lui confier les objets recueillis par vos soins.

Le Comité a l'honneur de mettre sous vos yeux les articles du règlement qu'il a adopté : vous y trouverez la preuve de la constante sollicitude qui sera apportée pour assurer la conservation des objets que vous voudrez bien mettre à sa disposition.

Les membres de la Commission rétrospective :

Comt⁰ DE LABORDE, président.
E. DU SOMMERARD, vice-président.
SAJOU, vice-président de l'*Union centrale.*
Baron B. DE MONVILLE.
Emile GALICHON.
Charles SCHEFER.
Albert JACQUEMART.
CHAMPFLEURY.
Alfred DARCEL.
A. LOUVRIER DE LAJOLAIS, secrétaire.

Le Président de l'Union centrale,

E. GUICHARD.

RÈGLEMENT

ARTICLE PREMIER.

L'Exposition rétrospective des objets d'art, d'industrie et d'ameublement, organisée par les soins et aux frais de *l'Union centrale des Beaux-Arts appliqués à l'industrie* s'ouvrira au palais des Champs-Élysées le 10 août 1865 et sera close le 10 octobre.

ART. 2.

Elle comprendra tous les objets d'art et d'ameublement de l'antiquité, du moyen âge, de la renaissance et des siècles derniers, appartenant aux principales collections particulières, et que voudront bien confier leurs propriétaires.

ART. 3.

Tous les frais occasionnés par l'exposition, le déplacement et le transport des objets sont à la charge du Comité d'organisation. — Les objets seront pris à domicile, transportés avec soin au Palais de l'Industrie, placés dans des vitrines fermées, et un service de surveillance de jour et de nuit sera organisé de manière à donner toute sécurité.

ART. 4.

Les collections et les objets confiés à la Commission seront toujours à la disposition immédiate de leurs propriétaires, qui pourront les retirer sur une simple demande adressée au Président, sans attendre la fin de l'exposition. Toutefois, le catalogue imprimé et mis à la disposition du public ne comprendra que les objets confiés à l'Administration pour toute la durée de l'Exposition.

Art. 5.

Chaque objet, en arrivant au Palais de l'Industrie, sera inscrit sous un numéro d'ordre à un inventaire spécial, avec une désignation sommaire : le nom du propriétaire, et la mention de la valeur qu'il y attache.

La Commission se réserve le droit, dans le cas où certaines estimations lui paraîtraient d'une exagération notoire, de ne pas admettre à l'Exposition les pièces qui en seraient l'objet.

Art. 6.

Les collections et les objets confiés à la Commission seront classés par séries se rapportant aux diverses branches de l'art et de l'industrie. — Il sera fait droit, toutefois, au désir qui pourrait être exprimé par quelques propriétaires de voir ces collections exposées dans leur ensemble et en dehors des séries adoptées pour le plus grand avantage de l'enseignement.

Art. 7.

Chaque collection, chaque objet détaché ou réparti dans les séries' sera exposé sous le nom de son propriétaire.

Art. 8.

Aucun objet exposé ne pourra être reproduit, sous quelque forme que ce soit, sans l'autorisation signée du propriétaire.

Art. 9.

Un catalogue sommaire présentant la désignation, la provenance, ainsi que le classement de tous les objets par séries industrielles et autant que possible par époque, sera mis à la disposition du public dans la semaine qui suivra l'ouverture de l'Exposition.

Le jury sera nommé par le Comité d'organisation du 1ᵉʳ au 10 Septembre.

———

CLASSIFICATION

DES

OUVRAGES ET DES PRODUITS

EXPOSÉS

I. — Art appliqué à la décoration de l'habitation.

Architecture décorative. — Décoration des villes, des édifices publics et des demeures particulières. — Sculpture ornementale sur pierre, marbre, bois, etc. — Menuiserie d'art, marqueterie, marbrerie. — Fer forgé, fer fondu, quincaillerie d'art, cuivre repoussé. — Peintures décoratives pour emplacements déterminés. — Vitraux, stores.

II. — Art appliqué à la tenture de l'habitation.

Dessins, Modèles. — Tapis de toute nature. — Etoffes d'ameublement en laine, soie, damas, lampas, etc. — Papiers peints. — Cuirs. — Cartons gauffrés. — Art décoratif du tapissier.

III. — Art appliqué au mobilier.

Dessins, Modèles. — Meubles exécutés en bois divers, sculptés, dorés, laqués, ornés de bronze, de marqueterie, de faïence ou d'émaux. — Siéges. — Caisses d'instruments de musique. — Cadres.

IV. — Art appliqué aux métaux usuels.

Dessins, Modèles. — Bronze d'Art, d'Ameublement et d'Eclairage, ciselés, dorés, ornés d'émaux, de cristaux, etc. — Zinc d'Ameublement. — Orfévrerie d'Eglise.

V. — Art appliqué aux métaux et aux matières de prix.

Dessins, Modèles. — Grande orfévrerie de table. — Bijouterie, Joaillerie, Camées.

VI. — Art appliqué à la céramique et à la verrerie.

Dessins, Modèles. — Terres cuites décoratives, Poteries d'art. — Lave et terre cuite émaillée. — Faïence émaillée. — Porcelaines unies ou peintes. — Émaux. — Verrerie, cristaux, glaces.

VII. — Art appliqué aux étoffes de vêtements et d'usage domestique.

Dessins, Modèles. — Châles, Cachemires, Dentelles, Broderies, Passementeries. — Étoffes de laine et de soie. — Étoffes imprimées. — Toiles ouvrées et damassées.

VIII. — Art appliqué aux articles divers.

Dessins, Modèles. — Voitures. — Armes à feu, armes blanches. Coutellerie, tabletterie, petits meubles.—Articles de Paris.—Reliure. Pipes sculptées. — Cartes à jouer. — Fleurs artificielles. — Éventails.

IX. — Art appliqué à l'enseignement et à la vulgarisation.

Gravures sur métaux, sur bois; Lithographie; Lithochromie; Autographie; Gravure héliographique. — Photographie. — Imprimerie. — Livres et publications illustrées.

I

ART APPLIQUÉ A LA DÉCORATION DE L'HABITATION

Architecture décorative. — Décoration des villes, des édifices publics et des demeures particulières.

— Sculpture ornementale sur pierre, marbre, bois, etc.

— Menuiserie d'art, marqueterie, marbrerie.

— Fer forgé, fer fondu, quincaillerie d'art, cuivre repoussé.

— Peintures décoratives pour emplacements déterminés.

— Vitraux, stores.

l

1 ABEL-TRINOCQ (CAMILLE), artiste peintre, fabricant de
stores.

Méd. 3° cl., Beaux-Arts appl. 1863, Paris.

Rue des Marais-Saint-Martin, 27.

Stores.

2 ALLONGÉ (AUGUSTE), artiste peintre, né à Paris, élève
de M. Léon Cogniet.

Méd. 1re cl., Beaux-Arts appl. 1863, Paris.

Rue Séguier, 12.

Décoration au fusain.

Panneaux fixés de manière à pouvoir se coller en plein
sur une porte et son dessus, sans verre et sans risque
d'altération.

3 ASTOUD-TROLLEY (Mme LOUISE), sculpteur, née à
Paris, élève de madame Astoud, sa mère.

Rue de Vaugirard, 64.

Portrait du statuaire Auguste Préault, médaillon plâtre.

Plusieurs petites figures décoratives, esquisses de bas-
reliefs.

4 BACH et Cie, successeurs de Perès, fabricants de stores.

Méd. br., Exp. nat., 1844, 1849; — Ment. hon. 1851, Londres; — Méd. 2e cl., 1855, Paris; — Méd. 2e cl., Beaux-Arts appl. 1863, Paris.

Rue du Faubourg-Saint-Denis, 99.

Stores.

5 BARBIER (ADOLPHE), artiste ferronnier.

Boulevard du Montparnasse, 159.

Fers forgés et repoussés pour décoration d'appartements et de meubles.

6 BARYE (ANTOINE-LOUIS), sculpteur-statuaire, né à Paris, élève de Bosio et de Gros.

Méd. 2e cl., Salon de 1831. — ✳ 1er mai 1833. — Grande Méd. d'honneur et O ✳, 1855, Paris.

Napoléon Ier, statue équestre du monument d'Ajacio; modèle au tiers d'exécution, plâtre.

7 BERGER (EUGÈNE), sculpteur, né à Paris, élève de Coutant.

Rue de Lesdiguières, 5.

Nature morte, modèle, plâtre.

8 BESSIÈRES (LUCIEN), architecte.

Faubourg-Poissonnière, 161.

Dessins.

9 BITTERLIN fils (PAUL), peintre-graveur-verrier.

Grande Méd. d'or (section de la céramique), Beaux-Arts appl. 1853, Paris.

Rue de l'Université, 123.

Peinture et gravure sur verre.

    1. à 6. Etudes, style XIIe siècle, gravure et réapplication d'émaux au feu sous six aspects différents, ayant pour but

de remplacer dans les églises, de construction moderne, le vitrail avec mise en plomb.

7. Une glace de 3 m. sur 1 m. 50. — Étude décorative pour monuments. — Gravure à l'acide fluorhydrique sur fonds transparents, *résultat nouveau.*

10 BODART (Jean-Baptiste), releveur au marteau.

Rue du Faubourg Poissonnière, 193.

Serrurerie d'art et de curiosité.

Cadre de glace en fer forgé avec ornements et bras pour lumières, relevés au marteau.
Chenets, pelles, pincettes, styles anciens.
Lanterne de vestibule d'hôtel, fer repoussé au marteau.
Lustre, supports, chandeliers, même travail.

11 BOILEAU (Jean-Auguste), sculpteur, né à Paris, élève de de M. Boileau, architecte, son père.

Rue de Sèvres, 11.

Modèle de fontaine monumentale, dédiée à l'armée française, plâtre.

12 BOSQUIER (Charles-Joseph), peintre-décorateur et dessinateur.

Rue Rochechouart, 31.

Fleurs et fruits, peinture à l'huile.

13 BRISSON (Théodore-Alexandre), sculpteur, élève de M. Lequien père.

Ment. hon., Arts ind. 1861, Paris. — Méd. 3e cl., Beaux-Arts appl., 1863, Paris.

Marché Sainte-Catherine, 4.

Sculpture et dessins.

14 BROSSARD (Alexandre), peintre-dessinateur, élève de M. Lequien père.

Petite-Rue Saint-Pierre, 10.

Dessins d'après des bronzes.

15 BROUTY ✠ (Charles), architecte.
Méd. d'or de S. M. l'Empereur.
Rue de Trévise, 42.
Dessins divers d'architecture.

16 BRUNNER (Édouard), dessinateur.
Rue de Lafayette, 10.
P[…] perdue à l'huile.

17 BUHOT (Charles), sculpteur, né à Paris, élève de l'Ecole
des Beaux-Arts et de David d'Angers.
Montbéliard [...] H. H., 1853. — Méd. 2ᵉ cl.,
[...] Paris.
[...]
[...] million de francs.
([…])

18 CARRIER-BELLEUSE (Albert), né à Anizy-le-Château
(Aisne), élève de David d'Angers.
Méd. 1ʳᵉ et 2ᵉ cl., 1855, Paris. — Méd. 3ᵉ cl., Salon de
1861. — Rappel, Salon de 1863. — Grande Méd. d'or,
Beaux-Arts appl., 1863, Paris.
Rue de la Tour d'Auvergne, 13.
Buste de S. M. l'Empereur : terre cuite.
Buste de L. N. Napoléon.
[...], faïtes d'après les œuvres
de [...].

19 CHEVALIER (Jean-Baptiste), sculpteur, né à Paris, élève
de David d'Angers et de M. Daubigny.
Rue Notre-Dame des Champs, 21.
Statuettes, médaillons, terre cuite et bronze.

20 CHERET [...] né à Paris, élève de M. Gallois.
1ᵉʳ prix de [...], exp. des Beaux-Arts
appliqués à l'industrie, 1863

Avenue de Ségur, 39.

Portrait de l'Impératrice, médaillon plâtre.

21 CHIRAT (BENOIT), artiste peintre.
Rue d'Enghien, 16.
Panneaux décoratifs.

22 CHOISELAT (AMBROISE), sculpteur, né à Paris, élève de
MM. Klagmann et Eugène Lami.

Méd. 2ᵉ cl. (c opérateur, manuf. imp. de Sèvres), Exp.
univ. de 1855, Paris. — Méd. 2ᵉ cl., Beaux-Arts
appl., 1863, Paris.

Rue de la Tour-d'Auvergne, 10.

Flûteuse, statue : plâtre.

La Tragédie, statue : plâtre.

(Ces deux figures appartiennent à l'auteur).

Femme en costume du XVIᵉ siècle : médaillon, plâtre.

Dessins :

Divers projets de fronton, vases et jardinières.

Photographies d'après des travaux exécutés :

1. Un des nouveaux frontons des Tuileries.
2. Vase de l'École vétérinaire de Lyon.
3. Poignée d'épée.
4. Candelabre du château de M. Péreire.
5 et 6. Deux groupes de la maison Minton : l'Enlèvement
d'Europe et le Lion amoureux.

23 CLÉRY (PIERRE-EDOUARD), artiste peintre, né à Paris,
élève de M. de Rudder.

Rue du Cherche-Midi, 55.

Panneau décoratif pour le salon de M. Armand K.

24 COLIBERT (EUGÈNE), architecte, né au Mans, élève de
M. Hector Horeau.

Rue du Faubourg-Montmartre, 4.

Projet d'un édifice pour l'Exposition universelle de Paris en 1867, en collaboration avec M. H. Horeau.

25 COLLETTE (Alexandre), peintre, dessinateur, lithographe, né à Arras (Pas-de-Calais).

Méd. 1re cl., Beaux-Arts appl., 1863, Paris.

Dessins.

26 CORNU (Eugène), dessinateur, attaché à la Compagnie des marbres-onyx de l'Algérie, né à Paris, élève de M. Denière.

Deux méd. 2e cl., Exp. univ. de 1855, Paris. — Méd. 3e cl., Beaux-Arts appl. 1863, Paris.

Rue Popincourt, 29,

1. Dessin de Pendule Louis XIV.

2. Fontaine pour serre, photographie sur dessin d'exécution.

3. Divers dessins d'ameublements.

27 COUSSEDIÈRE (Camille), dessinateur.

Rue Geoffroy-Marie, 11.

Panneau décoratif.

28 COUTURIER (Nicolas), directeur de l'École de Châlons-sur-Saône.

Rue de l'Arc, 1, à Châlons-sur-Saône.

L'Assomption, grisaille.

29 DE LAERE (Marc-Edouard), artiste peintre.

Rue de Richelieu, 18.

Deux panneaux décoratifs pour salle à manger, peinture à l'huile.

30 DESMAREST (Charles-Cyprien), fabricant de bronzes.
Rue du Temple, 217.
Appliques pour porte-pincettes de cheminées.

31 DOPTER (Jules), graveur sur verre et décorateur sur
porcelaine par le système de l'impression.
Rue Madame, 29.
Verrières gravées et poteries décorées.

32 DORLÉANS (Ernest-Maxime), architecte.
Rue du Landy, à Clichy.
Un kiosque rustique.

33 DUBOIS (Charles Jules), sculpteur.
Avenue de Ségur, 53.
Christ en croix, plâtre stéariné.

34 DUBREUIL fils (Léon-Marie), peintre-décorateur, en -
trepreneur de peintures.
Rue Charles V, 11.
Peintures d'intérieurs d'appartements.

35 DUPILLE (Nicolas), fabricant de serrurerie d'art.
Passage d'Angoulême 22.
Crémones à double mouvement, fermetures de croisées,
ferronnerie, décorations pour intérieur d'habitation.

36 DURENNE (Antoine), maître de forges.
Méd. d'arg., 1861, Montpellier ; — Metz. — Méd. d'or,
1861, Nantes ; — Châlons-sur-Marne. — Méd. d'arg.,
1862, Perpignan. — Méd. 1re cl , 1863, Beaux-Arts
appl., Paris. — Méd., 1864, Genève. — Diplômes
d'honn., 1861, Saint-Dizier ; — 1864, Angers et
Bayonne ; — 1865, Chaumont.

Deux méd. 1862 Londres. — ✱ 25 janvier 1863.

Rue de la Verrerie, 30.

Le Christ sur la croix, haut. de 2 mètres,	D'après Bouchardon.
Mater Dolorem [illegible] id.	id.
Saint Jean	Klagmann.
Deux anges adorateurs.	id.
Vierge [illegible], deux mètres.	Carrier Belleuse.
Vierge [illegible] id.	id.
Les quatre Évangélistes, un mètre.	Salmson.
Tableau de la Vierge [illegible]	Klagmann.
Descente [illegible]	Jean Goujon.
M[illegible]	id.
Les quatre Saisons, bas-relief.	Mme L. Bertaux.
Deux [illegible] groupes.	Salmson.
E[illegible] enfant au dauphin.	id.
Enfant au cerceau, enfant à la tortue, enfant à [illegible] quille, enfant à la rame, [illegible].	Carrier Belleuse.
Deux [illegible], ronde bosse.	Rouillard.
Buste de madame Dubarry.	Houdon.
Groupe [illegible] de Zéphyr.	Rutxhiel.
Deux vases Médicis.	Liénard.
Deux [illegible].	Carrier Belleuse.
Les quatre [illegible] des Saisons.	id.
Va[illegible].	id.
Enfant [illegible], pour candélabre.	id.
Enfant, [illegible] une borne, pour fleurs.	id.
Femme au lévrier.	De Cotte.
Pâtre. — Le [illegible] de Falconnet.	id.
Groupe [illegible] pour fontaine.	Klagmann.
N[illegible].	id.
Buste du [illegible] et de la princesse de Galles.	Carrier Belleuse.
Bassin [illegible] d'ornements.	Deussamy.

37 ENGELMANN et GRAF, imprimeurs-lithographes.

Rue de l'Abbaye Saint-Germain, 12.

Vitraux en [illegible].

38 ESCALLIER (Mme Éléonore [illegible] artiste peintre, née à Poligny (Jura), élève de Zeigler.

Boulevart Saint-Michel, 103.

Tableau de fleurs.

39 FARAONI (GAETAN), sculpteur et ciseleur,
Méd. 1ʳᵉ cl., Beaux-Arts appl., 1863, Paris.

Rue Véron 29, Montmartre.

Portrait de S. A. le Prince impérial, bas-relief au repoussé.
Deux bas-reliefs pour coupes.
Petit vase. — Petit Triton.
La femme aux couronnes, modèle en plâtre.

40 FAVERJON (JEAN-MARIE), artiste peintre, né à Saint-Étienne, élève de Hipp. Flandrin.

Boulevard d'Enfer, 43.

Les Saisons, peintures décoratives.

41 FÉLON (JOSEPH), artiste peintre-sculpteur, né à Bordeaux.

Rue de Rennes, 18.

Modèle de pendule.

42 GAMBETTE aîné (HIPPOLYTE), fabricant d'ornements pour appartemens.

Rue Vivienne, 14.

Bronze, fer poli, bois sculptés.

43 GARY (PIERRE), charpentier-rustiqueur.

A Montmorency (Seine-et-Oise).

Kiosque rustique.

44 GOSSIN FRÈRES, sculpteurs ornemanistes, fabricants de terres cuites.

Rue de la Roquette, 57.

Terres cuites : — Nymphe à la chèvre ; — Vedette ; —

Bacchante ; — Vases de Versailles ; — Figurines d'après Michel-Ange, Julien, Clodion, etc.

45 GOURDEL (Pierre), sculpteur, né à Châteaugiron (Ille-et-Vilaine), élève de MM. J. Gourdel et Bonnassieux.

Avenue de Ségur, 35.

1. Buste de la Justice.
2. Buste de Chateaubriant.
3. Statuette de la Force.
4 Savoyard pleurant sa marmotte.
5. L'Empereur en Bretagne.
6. L'Empereur en Algérie.
7. L'appel à la prière, (épisode de Bretagne), groupe.
8. Le blessé, (épisode de Bretagne), groupe.
9   id.   (épisode de Crimée), groupe.
10. Une famille pauvre, groupe.
11. Le Benedicité, groupe.

46 GRAVIER (Alphonse) et GASTALDI (Victor), architectes.

Boulevard Saint-Germain, 40.

Dessins d'architecture.

47 GUILLEMIN (Pierre-Eugène), architecte-dessinateur.

Rue Saint-Gilles, 16.

Dessins.

48 HABERT (Eugène), artiste peintre, élève de M. Gleyre.

Rue Richer, 26.

La Fortune, panneau décoratif.

49 HEREIN (Charles), mosaïste.

Rue Harlay-au-Marais, 3.

Panneau en mosaïque, exécuté en marbres et en pierres naturelles incrustées sur fond de marbre noir.

Cadre en malachite.

50 HERMANN (Georges), ingénieur-mécanicien, né à Soultz-sous-Forets (Bas-Rhin).

Méd. br., 1838, Valenciennes. — Méd. d'arg., Exp. nat.,

1834; — 1839; — 1844. — Méd. d'arg , 1839 et 1844, Méd. platine, 1851. S^{te}. d'Encouragement. — *Council medal*, 1851, Londres; ✳ novembre, 1851. — M d. 1re cl., 1855, Paris. — Méd. d'honn., 1859, Bordeaux. — Méd. d'arg., Arts ind., 1861, Paris. — Ment. hon. et deux méd., 1862, Londres.

Rue de Charenton, 92.

1. Fontaine monumentale en granit de Laber (Finistère), tourné et poli ; haut. 6^m, vasque inférieure de 3^m40 de diamètre.
   (Cette fontaine est exposée à l'extérieur du palais devant la porte centrale de l'est.)
2. Urne funéraire, haute de 80 cent., d'un seul morceau de porphyre rouge de Finlande, pareil à celui du tombeau de l'empereur, aux Invalides.
   (*Hors concours comme membre du comité d'organisation de l'Union centrale.*)

51 HOREAU (Hector), architecte, né à Versailles.

1er prix de concours pour la construction du Palais de l'Exposition universelle de 1851, à Londres.

Rue du Faubourg-Montmartre, 4.

Projets de monuments publiés pour Paris.

1. Achèvement de l'Arc-le-Triomphe de l'Étoile.
2. Colonne commémorative pour la barrière de Clichy.
3. Monument pour la barrière du Trône.
4. Palais d'exposition permanente pour les Champs-Élysées.
5. Projet d'édifice pour l'Exposition universelle de Paris, en 1867, en collaboration avec M. Cohbert, son élève.
6. Fragment de faïence décorative pour la façade de ce palais.

52 HUBY Fils (Jean-Laurent), fabricant de serrurerie d'art.

Rue du Faubourg-Saint-Antoine, 115, passage de la Bonne-Graine, 18.

Coffres-forts et coffrets ; serrurerie ordinaire et serrurerie d'art pour meubles et bâtiment.

53 JACCOUX et fils, fabricants de plinthes et de bourrelets.

Rue du Rocher, 20.

Plinthes et bourrelets.

54 LARAUDIE (Mme Charlotte de), artiste peintre.

Rue Horace-Vernet, 37.

Une branche de g'ycine, peinture à l'huile.

55 LEFEBVRE (Eugène-Pierre), sculpteur, né à Paris,
élève de M. Rude.

Rue du Cherche-Midi, 102, et rue Saint-Romain, 19.

Décoration d'un cadre de glace, style Louis XIII, et d'un
dessus de porte même style, exécutés en carton-
pierre.

56 LEGRAND (Alexandre), artiste peintre, né à Paris, élève
de M. Léon Cogniet.

Quai Bourbon, 15.

Panneau décoratif pour salle à manger, peinture à
l'huile.

57 LERICHE (Henry), ouvrier mécanicien, sculpteur.

A Charleville (Ardennes).

Copie réduite de la Vénus de Milo, sculptée en pierre.

58 LOUVET Jules-Victor), sculpteur-marbrier.

Boulevard de Grenelle, 11.

1. Cheminée pour salon, style Louis XIV, en marbre griotte
panaché et bronzes dorés.
2. Cheminée pour cabinet ou bibliothèque, style Louis XIII,
même marbre.

59 MALVAL (E. de), né à Lyon, élève de H. Flandrin.

1. *La Fortune et les Amours*, panneau Louis XVI, pour
un entre-deux de fenêtres.

2 et 3. Groupes d'Amours, panneaux pour meubles Louis XVI.

60 MARÉCHAL père et fils (de Metz), peintres-verriers.

Récompenses décernées à M. Maréchal père, (Claude-Laurent) : Méd. 3e cl., Salon de 1840 ; — 2e cl., 1841 ; — 1re cl., 1842 ; — prize médal. exp. univ. 1851, Londres. Deux méd. 1re cl., Exp. univ. 1855, Paris ; — ✻ 1846. —O ✻ 1855 ; — diplôme d'honn., Metz et Angers. — Méd. 1862, Londres.

A M. Maréchal fils (Charles-Raphaël), Méd. 2e cl., Salon de 1853 ; — Méd. d'hon., Metz ; — méd. 1862, Londres.

A *Metz* (*Moselle*).

Moissonneuse et glaneuse ; vitrail destiné à la bibliothèque de M. V.

Photographies inaltérables vitrifiées par les procédés de MM. C.-R. Maréchal et Tessié du Motay.

— Cave à liqueurs ornée de photographies inaltérables vitrifiées, et de cristaux de Baccarat et de Saint-Louis décorés de gravures chimiques *noires*, par les procédés de MM. C.-R. Maréchal et Tessié du Motay.

— Bénitier décoré des mêmes photographies.

61 MASSERANO (Pierre), fabricant de stores.

Rue du Faubourg-Montmartre, 22.

Nouveau modèle de stores en bois à petites lames.

62 MASSON (Gustave-Yves-Amable), orfèvre, releveur au marteau.

Rue Culture-Sainte-Catherine, 32.

Lustre, chenets et bras en fer forgé, style Louis XIII.

63 MÉRY (Alfred-Emile), artiste peintre, né à Paris, élève de M. Jean-Beaucé.

Ment. hon., Salon de 1863. —Méd. br., 1864, Melun.

A Bougival (Seine-et-Oise).

Cinq guaches exécutées d'après un nouveau procédé:
1. Mendiante à la porte d'une église.
2. Miss, chienne bull-terrier.
3. La Seine, effet de pastel.
4. Fleurs des champs.
5. Etude de bourdons.

64 MITAINE (Léon), sculpteur, né à Paris, élève de M. Klagmann.

Rue Oberkampf, 84.

Ratelier d'armes.

65 OTTIN (Léon-Auguste), artiste peintre, né à Paris, élève de son père et de P. Delaroche.

Rue Vincent-Compoint, 9 (Montmartre).

Saint Mathieu et sainte Adélaïde, vitrail dans le style de la Renaissance, exécuté dans les ateliers de M. Ch. Leprovost.

66 PARMENTIER (Edouard-Edmond-Ernest), artiste peintre.

Rue-Notre-Dame-des-Champs, 54.

Tableau.

67 PELLETIER (Antoine-Jules), artiste-peintre.

A l'Etang la-Ville, près Saint-Germain-en-Laye (Seine-et-Oise).

Fleurs et fruits, panneau décoratif.

68 PELTIER (Ernest), ouvrier tapissier.

Rue du Bac, passage Ste-Marie, 5.

Dessin pour la décoration d'un salon.

69 PEREZ (Thomas), sculpteur.

Rue Olivier, 12.

Reproductions réduites de l'Alhambra, stuc.

70 REIGNIER (Jean), artiste peintre, né à Lyon (Rhône), élève de l'Ecole de peinture de Lyon, aujourd'hui professeur à l'Ecole impériale des beaux-arts de la même ville.

Méd. 2ᵉ cl. (Fleurs), Salon de 1848.

A Lyon, à l'Ecole impériale des beaux-arts, et à Paris, chez M. Carpentier-Deforge, boulevard Montmartre, 8.

Tableau de fleurs.

71 REVEL (Charles), dessinateur.

Boulevard Saint-Michel, 139.

Madeleine de Savoie, femme du connétable sire de Montmorency, 1545 : carton de la restauration des vitraux de l'église de Montmorency (Seine-et-Oise).

72 ROBERTS (Arthur-Henry), artiste peintre, né à Paris, élève de son père et de Drolling.

Méd. 3ᵉ cl. (Hist.), 1855.

Rue de Chanaleilles, 15.

Peinture au silicate sur pierre.

73 ROY (Jean), constructeur-serrurier.

Méd. 1ʳᵉ cl., 1855, Paris. — Méd. 2ᵉ cl., Beaux-Arts appl., 1863, Paris.

Avenue de la Grande-Armée, 48.

Grille de château, de 6 mètres de longueur sur 6 mètres de hauteur, en fer forgé, avec ornements en tôle relevée au marteau.

74 SALMSON (Jean-Jules), statuaire ornemaniste, né à Paris, élève de Ramey, de Toussaint et de M. Dumont.

Méd. 2ᵉ cl., Salon de 1863. — Méd. 1ʳᵉ cl., Beaux-Arts appl., 1863, Paris.

14.

*Rue des Trois-Couronnes, 46, et Ancien chemin de
Ronde de la Barrière Rochechouart, 5.*

La Dévideuse, statue, marbre.

(Appartient à l'auteur).

Projet de décoration extérieure pour la villa du comte
P. Demidoff ; photographie.
Projet de pièce décorative en matières précieuses : groupe
équestre tiré de Richard en Palestine (Walter Scott) ;
photographie.
La Naissance de Vénus, esquisse ; photographie.

75 SCRIBE (Léon-Ovide), artiste peintre.

Rue du Chemin de Fer, à Plaisance, XVᵉ arr.

Dessins, projets de décoration.

76 SEGUIN (Edouard), entrepreneur de marbrerie.

Méd. 3ᵉ cl., Beaux-Arts appl., 1863, Paris.

Rue de Rennes 7.

Deux cheminées en marbre.

77 SOUPLET (Ulysse), artiste peintre, né à Compiègne
(Oise), élève de M. L. Cogniet.

Rue Ferdinand, 22 (Ternes).

Pastorale, peinture décorative.

78 STADTLER (Jean), dessinateur.

Rue de l'Abbaye Montmartre, 46.

Tableau de fleurs.

79 VALADON (Jules Emmanuel), artiste peintre, né à Paris,
élève de Drolling et de M. L. Cogniet.

Rue Duroc, 13.

Panneau décoratif, paysage, dessin.

80 VAN CLEF (Pierre Ferdinand-Henri), sculpteur.

Rue Neuve-des-Petits-Champs, 83.

1. Buste en marbre de S. M. l'Impératrice.
2. — — de S. M. la Reine d'Angleterre.
3. — — de M. J. B.
4. — plâtre de Jésus-Christ.
5. — — de la Vierge Marie.
6. — — de M. Octave Feuillet.

81 **VERANY** (Trophime), dessinateur d'architecture.

Boulevard de Denain, 7.

Façade de la bibliothèque impériale (rue Vivienne), dessin.

82 **WANDENBERG** (Charles-Jean-Marie), doreur sur bois.

Méd. 2e cl., Beaux-Arts appl., 1863, Paris.

Rue Neuve-Saint-Augustin, 42.

Cadres pour tableaux, dessins, miniatures, glaces, obtenus par des procédés nouveaux imitant la sculpture.

II

ART APPLIQUÉ A LA TENTURE DE L'HABITATION

Dessins. Modèles.

Tapis de toute nature.

Étoffes d'ameublement en laine, soie, damas, lampas, etc.

Papiers peints, — Cuirs, — Cartons gauffrés.

Art décoratif du tapissier.

II

ART APPLIQUÉ A LA TENTURE DE L'HABITATION

83 ALLARD (Emile-Ernest), entrepreneur de peinture.
Avenue de Clichy, 116.
Papiers peints.

84 BARBIER (Remy), dessinateur.
Rue du Château-d'Eau, 64.
Dessins pour rideaux.

85 BRAQUENIÉ frères ✳, fabricants de tapis, à Aubusson (Creuse).
Maison fondée en 1842.
Prize Madal, 1851, Londres.—Méd. d'hon., 1855, Paris. — Méd. 1862, Londres.
Rue Vivienne, 16.
Tapis d'Aubusson, de 11 mèt. sur 8 ; tapis et tapisseries, et étoffes pour ameublement.

86 CARON (Alexandre, doreur sur cuir.
Rue du Faubourg-Saint-Antoine, 89.
Bordures et tentures en cuir doré.

87 COUSSEDIÈRE (Étienne-Joseph), dessinateur.
1er prix du concours de peinture applicable à la décoration, à l'Exposition des Beaux-Arts appliqués de 1863.

Rue Neuve de la Goutte-d'Or, 12.
Dessin pour tapis et impressions.

88 DELAHAYE (Paul-Théophile), doreur sur cuir.
Rue du Faubourg-Saint-Antoine, 50.
Deux tableaux dorés sur cuir.

89 DURAND (Paul), fabricant de soieries.
A Lyon, rue Romarin, 31.
Etoffes de soie et portraits sur soie.

90 DUVAL frères, tapissiers.
Méd., 1862, Londres.
Maison fondée en 1826.
Rue du Faubourg-Saint-Honoré, 86; *ateliers de fabrication rue du Colysée,* 12.
Tapisserie et ameublements en tous genres.
Divan breveté pour administration.
Meubles de luxe et de fantaisie.

91 NASOSKY (Gustave), dessinateur d'ornements, élève de M. Martin Riester et de M. Alex. Collette.
Méd., 1857, Bruxelles.
Rue Lafayette, 186.
Quatorze dessins d'ornements,—actions, — frontispices, — tapis, etc.

92 REBORY (Ernest), tapissier-dessinateur.
Rue des Tournelles, 20.
Tentures pour l'ameublement, dessin.

93 REQUILLART ✳, ROUSSEL et CHOCQUEEL ✳, fabricants de tapis et tapisseries.
Maison fondée en 1829.
Prize medal, exp. univ. 1851, Londres. — Méd. d'hon. 1855, Paris. — Méd. 1862, Londres.

A *Aubusson (Creuse); à Turcoing (Nord); à Paris, rue Vivienne, 18 et 20.*

Tapis d'Aubusson, tapis de moquette ; panneaux de tapisserie ; tapisserie et étoffes pour ameublements.

(Hors concours comme membre du comité d'organisation de l'Union centrale.)

94 SAULIÈRE (Mme veuve), restaurateur de tapisseries anciennes.

Rue des Lions-Saint-Paul, 10.

Tapisseries, dentelles, guipures anciennes, restaurées.
Un meuble Louis XIV, en tapisserie ; broderies en points de faveur de Saint-Cyr; dix fauteuils et un canapé grands modèles.
Trois tapisseries tentures, de Beauvais, style Louis XIV, représentant l'Histoire de Psyché.
Un tapis de la Savonnerie, style Louis XIV.

95 TURQUETIL et MALZARD, fabricants de papiers peints en tous genres.

Méd. 2e cl., Exp. univ. 1855, Paris. — Méd. d'arg. 1860, Troyes. — Méd. d'arg. 1860, Saint-Dizier. — Méd d'arg. 1861, Nantes. — Méd. Arts ind. 1861, Paris.— Médaille verm. 1864, Bayonne.

Boulevart du Prince-Eugène, 208.

Papiers peints.
Outre les papiers peints exposés par MM. Turquetil et Malzard, ces fabricants ont encore exécuté les grands tableaux qui décorent toute la nef, au-dessus des salons occupés par les exposants.

(Hors concours comme membres du comité d'organisation de l'Union centrale.)

96 WALMEZ, DUBOUX et DAGER, fabricants de tissus pour meubles.

Place des Victoires, 8.

Tapisseries dites de Neuilly, reps, tapisseries à la main.

III

ART APPLIQUÉ AU MOBILIER

Dessins, Modèles.

Meubles exécutés en bois divers, sculptés, dorés, laqués,
ornés de bronze, de marqueterie, de faïence ou d'émaux.

Siéges.

Caisses d'instruments de musique.

Cadres.

III

ART APPLIQUÉ AU MOBILIER

97 AUBOUER (Adrien), sculpteur sur bois.

Méd. 3e cl., Beaux-Arts appl., 1863, Paris.

Rue Saint-Gilles, 12.

Deux torchères en bois sculpté, style Louis XIV.
Toilette en bois sculpté, or et blanc.
Baromètre en bois de poirier, style Louis XVI.

98 BAUD (Claude), facricant de siéges.

Rue de Jarente, 4.

Chaises et fauteuils.

99 BIBERON (Charles), sculpteur-ébéniste.

Rue de la Cerisaie, 22.

Meubles de fantaisie, psyché, toilette.

100 BRENET (François), fabricant de meubles sculptés,
brév. s. g. d. g.

Rue du Faubourg-Montmartre, 75.

Cabinet d'étude : Bibliothèque, table-bureau, garniture
de cheminée, fauteuil, etc., rehaussés d'acier poli.

101 BRUN (Madame veuve Blanche-Caroline), fabricante de
garnitures de siéges.

Boulevart de Strasbourg, 39.

Siéges à jours.

102 CARAUSSE (JEAN-MARIE), dessinateur.
Chaussée de Ménilmontant, 93.
Dessins de meubles.

103 CHAIX (PIERRE-AMBROISE), ébéniste.
Atelier fondé en 1840.
Méd. 2e cl., 1855, Paris; — Méd. 2e cl., Beaux-Arts, appl., 1863, Paris.
Place de la Bastille, 12.
Buffet en noyer.
Table de salle à manger.
Autres meubles.

104 DEBAIN (ALEXANDRE-FRANÇOIS), **facteur d'orgues et de** pianos.
Place Lafayette, 116 et 118.
Pianos mécaniques, harmonium.

105 DECLERCQ (AUGUSTE), ébéniste.
Méd. br., 1864, Bayonne.
Impasse Saint-Sébastien, 8 et 10.
Ameublement d'un salon Louis XVI.
Petits meubles, vitrines, jardinières **à poser sur les ta**bles de salon.
Cave à liqueurs de garçon, invention de l'exposant.
Petites tables à jouer, garnies de différents jeux.

106 DESHAYES (CHARLES), tapissier.
Rue du Faubourg Saint-Antoine, 95.
Sièges.

107 DEFIR (NOEL-MATHURIN) ET CIE, facteurs de pianos.
Rue des Écluses-Saint-Martin, 38, Passage Feuillet, 8.
Piano.

108 GALLAIS (CONSTANT-ALBERT), fabr. de meubles laque.
Méd. 2e cl., Beaux-Arts appl., 1863, Paris.

Impasse Saint-Sébastien, 8 et 10.

Chambre à coucher Louis XVI, lit en bois peint et doré,
orné de sculptures et de peintures.
Armoire à glace, id.

109 GAUDRAY (Léon-Pierre), fabricant de cadres.

Rue du Temple, 191.

Cadres en bois, en cuivre, cadres de fantaisie pour tableaux, miniatures, photographies.

110 GAUTROT, fabricant d'instruments de musique en cuivre
et en bois. Maison fondée en 1827.

Méd. Exp. Nat. 1844; — 1849, Paris. — Méd. 1845,
Toulouse. — Prize médal, 1851, Londres. — Méd.
1re cl., 1855, Paris. — Méd. d'or, 1861, Châlons. —
Méd. d'or, 1861, Nantes. — Méd., 1862, Londres.

Rue Saint-Louis, 60.

Instruments en cuivre et en bois.

111 GAVIOLI et Cie, facteurs d'orgues mécaniques.

Rue de Citeaux, 3.

Orgues.

112 GIESENDORFF (Henri), fabricant de meubles en laque.

Rue Amelot, 70.

Meubles en laque.

113 GOEKLER (François), ébéniste.

Rue du Faubourg Saint-Antoine, 127.

Meubles de luxe.

114 GREBER (Pierre), sculpteur.

Route de Calais, 17, *à Beauvais* (Oise).

Buffet étagère en bois de chêne sculpté.

115 GROS (J.-L.-Benjamin), ébéniste.

Atelier fondé en 1828.

Ment. hon., Exp. nat. 1849. — Id. Exp. univ., 1855,
Paris. — Méd. 1862, Londres. — Méd. 2ᵉ cl., Beaux-
Arts appl., 1863, Paris.

Rue Beautreillis, 23.

Meubles d'art de diverses époques décorés de marque-
teries, genre Boule; de bois, genre Resner; de mosaïque, imitation de Florence; ornés de bronzes ciselés
et dorés.

116 GUILMARD (Jean-Désiré), dessinateur-éditeur.

Ment. hon., 1855, Paris.

Rue de Lancry, 2.

Seize cadres de dessins de meubles et de décors intérieurs.

117 HUNSINGER (Charles), ébéniste.

Rue Keller, 5.

Meuble en bois noirci incrusté d'ivoire gravé.

118 JEANSELME fils, GODIN et Cie, tapissiers-ébénistes.

Prize Médal, Exp. Univ. 1851, Londres. — Méd. 1ʳᵉ cl.
Exp. Univ. 1855, Paris. — Méd. d'or, Beaux-Arts
appl., 1863, Paris.

Rue du Harlay-au-Marais, 7 et 9.

Meubles et décors en tapisserie.

119 LACAPE (Jean), facteur de pianos automatiques.

Rue Neuve-des-Capucines, 3.

Pianos d'un nouveau système.

120 LACROIX (Antoine), fabricant d'ornements en bambous,
fournisseur breveté de S. M. l'Impératrice et du Mobilier de la Couronne.

Rue Massillon, 1.

Paravents, jardinières, montures pour porcelaines.

121 LANNEAU (Jean-Baptiste-Ange), ébéniste.

Rue Saint-Ambroise, 9.

Meubles et dessins.

122 LEMAIGRE (Lazare-Nicolas), tapissier.

Rue Royale-Saint-Antoine, 14.

Fauteuil formant chaise longue, avec dossier se ren-
versant à volonté, garni en soie.
Le même, bois nu.
Divan se transformant en lit, bois recouvert.
Canapé Louis XV, bois apparent, se transformant en lit.

123 LE METAIS (Alexandre-Ferdinand), sculpteur-ébéniste.

Rue du Roi Doré, 5.

Chaises légères et guéridons.

124 LEMOINE (Henri), fabricant d'ébénisterie.

Rue des Tournelles, 17.

Meubles et tapisseries.

125 LEROUX (Charles-Henri-Ferdinand), tapissier.

Rue Montmartre, 80.

Ameublements.

Canapé-lit, breveté s.g.d.g.; — chaises longues arti-
culées formant lit.

126 MAZAROZ-RIBAILLIER et Cie, fabricant de meubles
d'art.

Atelier fondé en 1845, dirigé par M. Paul Mazaroz,
sculpteur, né à Lons-le-Saulnier (Jura), élève de
M. Jouffroy.
Méd. 1re cl. (sculpture) 1846, Dijon. — Méd. 1re cl.,
Exp. univ. 1855, Paris. — Méd. d'or, 1re classe,
1858, Dijon. — Méd. 1re cl., 1859, Bordeaux. —
Grande méd. d'hon., 1860, Marseille. — Méd. d'or,
1861, Nantes. — Méd. d'ar. 1re cl., 1861, Metz. —
Méd. 1862, Londres. — Méd. d'argent de la commis-
sion imp., 1862, Londres.

Boulevart des Filles du Calvaire, 20, et rue Ternaux-Popincourt, 4 et 6.

Meubles et décorations d'appartements.

(Hors concours comme membre du comité d'organisation de l'Union centrale.)

127 MERCIER , frères (PAUL-EUGENE et CLAUDE), ébénistes-tapissiers.

Rue du Faubourg Saint-Antoine, 100.

Ebénisterie.

128 MUNZ (CHARLES), ébéniste.

Rue du Faubourg Saint-Antoine, 53.

Meubles.

129 NEUMAYER (GUSTAVE-AUGUSTE), tapissier.

Rue Hoche, 14, à Versailles (Seine-et-Oise).

Siéges garnis.

130 PAGNY, fabricant de meubles de luxe.

Faubourg Saint-Antoine, 99.

Ameublement de chambre à coucher Louis XVI.

1. Armoire à glace à deux portes.
2. Lit.
3. Toilette.
4. Bureau de dame.
5. Baldaquin.

131 PETIT (MICHEL), sculpteur, élève de M. Alex. Guionnet.

Avenue de Breteuil, 18.

Sculptures en bois, terre cuite et plâtre.

1. Bouquet de fleurs, terre cuite.
2. Bouquet de fleurs, bois (appartient à M. Barbezat).
3. Crédence, chêne (*id.*).
4. Modèle de bénitier, plâtre.

132 PIRET (JEAN-AUGUSTE), ébéniste.

Rue du Faubourg Saint-Antoine, 56.

Table à rallonges pouvant contenir quarante couverts.

133 PRIGNOT (Eugène), desssinateur pour ameublements.

Méd. 2e cl. (coopérateur), Exp. univ. 1855, Paris. — Méd. d'or, Beaux-Arts appl. 1863, Paris.

Rue de Rochechouart, 70.

Dessins pour meubles.

134 RENOUVIN (Pierre), fabricant de meubles d'art.

Rue Bonaparte, 26.

Meubles de luxe, bibliothèque, bois noirci sculpté, etc.

135 ROUX et Cie, ébénistes.

Atelier fondé en 1834.

Méd. 2e cl., Beaux-Arts appl., 1863, Paris.

Rue Harlay-au-Marais, 3 et 5.

Meubles de luxe, avec marqueterie de bois et garniture de bronze doré.

136 SAUVREZY (Auguste-Hippolyte), sculpteur-ébéniste, élève de M. Lequien père.

Méd. 2e cl. Exp. univ. 1855, Paris. — Méd. d'or, 1861, Nantes. — Méd. d'arg. Arts ind. 1861, Paris. — Méd. 1862. Exp. univ., Londres. — Méd. 1re cl. Beaux-Arts appl., 1863, Paris. — 1re méd. Arts ind. 1864, Paris.

Rue du Faubourg Saint-Antoine, 97.

1 Armoire à glaces à trois portes, en bois de poirier noirci style néo-grec avec incrustations dorées.

2 et **3**. Lit et table de nuit même genre.

4. Lit bois de chêne, à baldaquin et couronnes, style Louis XIII.

5. Lit en bois noir, style Louis XIII.

6, **7** et **8**. Lit, armoire et table de nuit, en bois de palissandre, fantaisie.

9. Buffet, en bois de noyer, style Louis XIV.

10. Bibliothèque en bois de poirier noirci, style Renaissance, avec figurines de bronze et appliques de faïence.

11. Crédence de cabinet, en bois de noyer. style Louis XIII.
12. Autre crédence, noyer.
13. Petit meuble, style Henri II, avec portes pleines dans le haut et crédence dans le bas.
14. Bahut avec vitrine dans le haut, style Renaisssance.
15. Petit meuble de salon, style Louis XVI, avec filets de cuivre.
16. Buffet en bois noirci avec portes vitrées dans le haut et angles arrondis.
17. Petit guéridon, style Louis XVI, en bois de hêtre.
18. Un bahut de salon style Louis XIII, avec moulures de cuivre poli au charbon et incrustation de lapis.
19. Etagère style mauresque avec incrustations de faïence.
20 et 21. Deux buffets Renaissance en noyer avec incrustations de faïence.

137 STOLTZ et fils (Jean-Baptiste), facteurs d'orgues, auteurs des grandes orgues de St-Germain-des-Prés, à Paris, et des cathédrales d'Agen, Cahors, Châlon-sur-Marne.

Méd. 2ᵉ cl., 1855, Paris.

Avenue de Saxe, 33.

Un orgue à tuyaux.

138 TAHAN (Alexandre), ébéniste de l'Empereur.

Méd. d'arg., Exp. nat. 1849. — Prize medal, 1851, Londres. — Méd. 1ʳᵉ cl., 1855, Paris.

Magasins rue de la Paix, 34; *ateliers, rue Pascal*, 11.

Ebénisterie de luxe, petits bronzes.
Coffrets en bois et bronze dorés de différents styles.
Bibliothèque pour livres et curiosités, avec glaces décorées.
Tables et étagères avec marqueterie de bois.
Miroirs et étagères en bois peint, dorés et décorés en couleur.
Divers coffres, vases à fleurs; peinture encadrée.

139 TURNER-FRANCOLIN (Rowley-Benbow), professeur de *concertina*.

Rue Saint-Claude-au-Marais, 24.

Concertina, nouvel instrument de musique, en ébène, bois de rose, etc., avec touches en argent, en or, en cristal.

140 VILLENEUVE (Théodore), dessinateur.

Rue Fessart, 28.

Dessins de meubles.

141 WALCKER (W.), successeur de M. Godillot, fabricant d'articles de voyage, de chasse et de campement. Breveté de S. M. l'Empereur.
Maison fondée en 1842.
Méd. d'arg., Exp. nat. 1844 ; — 1849 ; — Méd. 1re cl., 1855, Paris. — Méd., 1862, Londres.

Rue de la Paix, 25.

Ameublement de salle à manger en rotin.

IV

ART APPLIQUÉ AUX MÉTAUX USUELS

Dessins et Modèles.

Bronze d'Art, d'Ameublement et d'Éclairage, ciselés,
dorés, ornés d'émaux, de cristaux, etc.

Zinc d'Ameublement.

Orfèvrerie d'Église.

IV

ART APPLIQUÉ AUX MÉTAUX USUELS

142 ANQUETIN (Modeste), horloger.

Méd. 2ᵉ cl., beaux-arts appl., 1861, Paris.

Rue Neuve-Saint-Eustache, 45.

Montres, pendules et instruments horaires.

143 BERNARD (Antoine-Louis), fabricant de bronzes.

Rue Charlot, 52.

Bronzes d'art et d'ameublement.

144 BERTRAND et SUBBINGER, orfévres, fabricants de bronzes, successeurs d'Alex. Gueyton pour la galvanoplastie.

Méd. 2ᵉ cl., Beaux-Arts appl., 1863, Paris. — Méd. d'argent 1ʳᵉ cl., 1865, Nice.

Rue du Perche, 11.

Un plat et son vase, d'après Briot.
Un plat et son vase, d'après Lepautre.

16.

Coffre Byzantin.
Coffre avec motifs du Parthénon.
Coffre Renaissance.
Verre Renaissance.
Pot à tabac, style grec.
Une canelle orientale et son verre.
Une paire de coupes Benvenuto.
Vide-poche, briquet, cachets.
Plusieurs porte-bouquets.
Pot à tabac indien, sculpté par Blancheteau, et différents
   objets.

145 DELESALLE, fabricant de bronzes d'art.

Méd. 2ᵉ cl., beaux-arts appl. 1863, Paris.

Boulevard du Temple, 41.

   Les Parques, groupe du Parthénon, arrangé par M. Clésinger.
    — Jupiter Trophonius, buste. — Lucius Verus, buste. —
   Bacchus antique, buste. — Diane de Gabies, statuette. —
   Venus de Milo, statuette. — Euterpe, statuette. — Fille
   d'Anacréon, statuette pour pendule, par Gauthier. — Diane
   chasseresse, d'après Jean Goujon. — La poupée brisée, de
   Pillet. — La châtelaine, de Pillet. — Arachné, Pillet. —
   Le Moïse et le Penseur, d'après Michel-Ange. — Vase du
   musée britannique. — Vase cratère, du Louvre. — Isis,
   groupe, par Franceschi. — Bacchantes. — Baigneuses
   d'Allégrain et de Falconnet. — Candélabres, coupes, flambeaux, encriers, etc.

146 DIETSCH (Georges-Frédéric), fabricant de bronzes (animaux), successeur et éditeur de J. Moigniez.

Rue Vieille-du-Temple, 124.

Bronzes d'art, groupes d'animaux et coffrets.

147 DUVAL (Jean-Jacques), imitation de bronze.

Rue Saint-Sébastien, 39.

Statuettes, porcelaines garnies.

148 DUVEAU (Charles), fabricant bijoutier.

Rue Culture-Sainte-Catherine, 26.

Bijoux galvanoplastiques.

149 FARCOT (Eugène), fabricant d'horlogerie.
Méd. 3e cl., Beaux-Arts appl. 1863, Paris.
Rue des Trois-Bornes, 39.
Horlogerie monumentale et décorative pour salons, bibliothèques, foyers de théâtres, intérieurs d'églises, etc.

150 FERNBACH (Raymond), horloger.
Rue Mayet, 10.
Pendules et régulateurs, styles anciens et modernes.

151 GAILLOT (Emile-François), fabricant de bronzes d'art.
Rue du Grand-Prieuré, 14.
Bronzes d'art et d'ameublement.

152 GARNiER frères, fondeurs de bronzes d'art.
Rue Saint-Maur, 54.
Langouste moulée sur nature, bronze.

153 GEFFROY (Auguste), orfévre-émailleur.
Méd. 2e cl., beaux-arts appl., 1863, Paris.
Rue du Bouloi, 10.
Orfévrerie d'église.

154 GRANGER (Alexis-Charles), fabricant d'objets en acier poli.
Rue Beaubourg, 42.
Ornements en acier poli pour l'ameublement.

155 GRIVOT (Pierre-François), fabricant de bronzes d'art.
Rue de Saintonge, 51.
Petits bronzes d'art et de fantaisie.

156 GROSSET (CYPRIEN), imitation de bronze.

Rue Saint-Gilles, 10.

Groupes divers : — Chevaux arabe et anglais ; — lion e^t serpent; — cheval et chien; — jument et poulain.

Hercule au taureau ; — chevaux anglais ; — deux coq^s combattant; — deux lévriers; — cheval et trompette; — jument et palefrenier; — vache et veau; — chiens d'arrêt; — deux chamois; — cerf, biche et faon.

Enfant au lévrier; — enfant à la brebis ; — enfant à la chèvre; — lion et Amour.

Cheval et Charles Ier.

Jument et Cromwell.

Statuettes : — Page François Ier; — page Louis XIII. — cheval arabe; — perdrix; — bécasse.

Bustes de Lincoln et de M. Seward.

157 HENRY (LOUIS-CLAIR-FRÉDÉRIC), fabricant de petits bronzes et d'acier damasquiné.

Place du Trône, 26.

Poignard, coffret, cachet, etc.

158 HINGRE (LOUIS-THÉOPHILE), sculpteur, né à Écouen (Seine-Oise), élève de M. A. Gervais et d'Adrien Possot.

Méd. 2e cl., Beaux-Arts appl., 1863, Paris. — Méd. br. 1864, Pontoise.

Rue de Buffon, 33.

1. Buste de chat, type anglais, plâtre.
2.   —   de chien barbet.
3.   —   de lapin d'Australie.
4. Chat, type anglais.
5. Lapin d'Australie.
6. Éléphant.
7. Héron.
8. Paon, pour porte-cure-dents ; bronze argenté, exécuté par M. Henry, orfèvre, et lui appartenant.

159 KLAGMANN ✳ (Jules-Jean-Baptiste), sculpteur-statuaire, né à Paris, élève de Ramey fils.

Méd. 1re classe 1855, Paris.

Rue de l'Ecluse, 6, Batignolles.

Une muse de l'histoire, statue, bronze exécuté par M. Marchand.
Le vase des saisons, bronze exécuté par M. Paillard.

(Hors concours comme conservateur du musée de l'Union centrale et président de la commission consultative.)

160 LE GOST (Achille), fabricant de bronzes émaillés.

Méd. 2e cl., Exp. univ., 1855, Paris.—Méd. 1re cl., beaux-arts appl., 1863, Paris.

Rue des Trois Pavillons, 8.

Ornements d'églises en bronze émaillé.

161 LEHARIVEL-DUROCHER (Victor), né à Chanu (Orne), élève de Ramey fils, et de MM. Belloc et Dumont.

Méd. 3e cl., Salon de 1849. — Méd. 2e cl. Salon de 1857. Rappel 1861.

Rue du Regard, 6.

Colin-Maillard, statuette plâtre.
Etre et paraître, statuette bronze.

162 LÉONARD (Alexandre-Lambert), sculpteur.

Faubourg Saint-Antoine, 218.

1. Butor blessé, groupe en cire.
2. Groupe de deux moineaux, la veuve, bronze.
3. Le même, bronze argenté.
4. Le héron à aigrette, bronze argenté.
5. Le même, bronze argenté.
6. Lévrier, bronze,
7. Le même, bronze, vert antique.
8. Gazelle, bronze.
9. Le même, bronze.
10. Renard et perdrix, bronze.

11. Les mêmes, bronze argenté.
12. Porte-allumette, coq et poule Hollandaise, bronze.
13. Le même, bronze argenté.
14. Porte-allumette, poule au panier, bronze.
15. Le même, bronze argenté.
16. Porte-allumette, canard surpris, bronze.
17. Le même, bronze argenté.
18. Poule seule, bronze.
19. La même, bronze doré.
20. Moineau seul, bronze.
21. Le même, bronze vert antique.
22. Bécassine, bronze.
23. Grive, bronze.

163 LEROLLE (Louis), fabricant de bronzes d'art, né à Paris.

Atelier fondé en 1820.

Méd. Exp. nat., 1849, Paris. — Prize medal, 1851, Londres. — Méd. 1re cl., Exp., Paris. — Méd., 1862, Londres. — ✿ 25 janvier 1863. — Chevalier de l'ordre des saints Maurice et Lazare.

Rue de la Chaussée des Minimes, 3.

Bronzes d'art.
Modèles style grec, éxécutés pour la maison pompéïenne de Son Altesse Impériale le Prince Napoléon, avenue Montaigne.
Diverses compositions égyptiennes.
Epoque de Louis XIV, objets de grande décoration.
Objets en cuivre poli rappelant l'époque de Louis XIII.
Emaillerie, objets précieux.
Nombreuse série de petits objets d'art de tous styles.

(Hors concours comme membre du Comité d'organisation de l'Union centrale.)

164 LIONNET frères, fabricants de bronzes galvano-plastiques.

Méd. 2e cl., Beaux-Arts appl., 1863, Paris.

Rue de la Verrerie, 54.

Statues, cuirasses, casques, pendules, coupes, etc., obtenus par la galvano-plastic.

165 MOREAU-VAUTHIER (Augustin), sculpteur, élève de A. Toussaint.

Rue Notre-Dame-des-Champs, 70 bis.

Le petit buveur, statue bronze.

166 MURÉ (Charles), ornemaniste-décorateur.

Faubourg-Montmartre, 75.

Ornementation par le fer et l'acier.
Lampes, lustres, suspensions, girandoles, ornements de fenêtres, chenets, trophées d'armes, clouterie pour siéges, baguettes de tentures, etc.

167 PASCAL et SAPY, sculpteurs.

Quai Bourbon, 29.

Cierge pascal.

168 PAUTROT (Ferdinand), sculpteur, né à Poitiers, seul éditeur de ses œuvres.

Méd. 2ᵉ cl., Beaux-Arts appl., 1863, Paris.

Rue de Saintonge, 65.

Bronzes d'animaux.

169 PICKARD et D'HERTMANN, fabricants de bronzes d'art, fournisseurs brevetés de LL. MM. le roi de Portugal et l'empereur du Brésil.

Atelier fondé en 1800.

Méd. 2ᵉ cl. Exp. univ. 1855, Paris. — Méd. 2ᵉ cl., Beaux-Arts appl., 1863, Paris.

Rue du Pont-aux-Choux, 17.

Garniture grecque, or, argent et onyx.
     —   Renaissance, bronze et or.
     —   Louis XV.
     —   Louis XIV.
     —   Louis XIII.
Diverses garnitures de fantaisie.
Un Christ fondu sur ivoire.
Groupes, statuettes, lustres, etc.

170 PRÉAULT (Auguste), sculpteur-statuaire, né à Paris, élève de David d'Angers.

Méd. 2° cl., Salon de 1849.
Une statuette, bronze.

171 RENAULD (Charles-Émile), fabricant de bronzes.

Méd. br. Exp. nat. 1849, Paris.

Rue des Tournelles, 50.

Lustres, lampes et candélabres, éclairage de salles à manger, de billards, d'antichambre, à l'huile, à la bougie et au gaz.

172 RHONE (Camille-Nicolas), graveur émailleur.

Rue de Bretagne, 67.

Croix émaillée, style du XIII° siècle. — Plaques de missels, style du XVI° siècle. — Chiffres et blasons sculptés et émaillés.

173 RIGOLET (René-Marie), ciseleur, fabricant de bronze et imitation, éditeur de M. Arson, sculpteur.

Ment. hon., Exp. univ., 1862, Londres. — Méd. 3° cl., Beaux-Arts appl., 1863, Paris.

Cité Crussol, rue Oberkampf, 7.

Groupes pour pendules, statuettes et bustes.

174 ROBILLARD (Jullien), émailleur.

Rue de Montmorency, 44.

Emaux, portement de croix ; bénitiers ; coffret, etc.

175 SCHLOSSMACHER et Cie, fabricant de lampes et de bronzes.

Maison fondée en 1827. (Marque de fabrique J. S.)

Méd. br. 1855, Paris. — Méd. unique, 1862, Londres.
Rue Béranger, 19, *et à Londres,* 20 *Red Lion square.*
Holborn (W. C.)

1. Lampe vase grec, ornements or sur fond vert.
2. — — vert et or.
3. — — bande parthénon.
4. — — forme boule guillochée.
5. — forme œuf.
6. — vase grec, médaillons or sur fond vert.
7. — — tout bronzé.
8. — vase Louis XVI.
9. — forme buire gravée et émaillée.
10. — vase chinois tout doré.
11. — vase Louis XVI, figures coloriées sur porcelaine.
12. — carafe chinoise, — — —
13. — carafe grecque, — — —
14. — Bougeoir égyptien, figures pâte rapportée sur céladon.
15. — vase grec, figures pâte rapportée sur céladon.
16. — carafe grecque céladon uni.
17. — vase grec, forme brûle parfum en onyx.
18. — — en onyx émaillé.
19. Candélabre chinois, potiche craquelée.
20. Bout de table Louis XVI.
21. Candélabre grec, 7 lumières.
22. — bossage, 6 lumières.
23. — grec, 3 lumières.
24. — grec à trois têtes antiques, 6 lumières.
25. — grec à statuette, 9 lumières.
26. Suspension grecque pour salle à manger, 9 lumières.
27. — — — — 15 lumières.
28. — pour salle à manger, 9 lumières.
29. — grecque pour salle à manger, 15 lumières.
30. Flambeau Henri II.
31. — cuivre rouge poli.
32. — cuivre bronzé platine.
33. — cuivre chinois.
34. — cuivre Louis XIII.
35. — sphinx.
36. — Louis XVI.
37. — bronzé platine.
38. — grec.
39. Bougeoir à main doré et émaillé.
40. — — — —
41. Ecritoire de bureau à 2 bougies.
42. Flambeau doré et émaillé.
43. Lampe grecque.
44. — Louis XVI, porcelaine décorée.

45. Suspension Louis XVI pour salle à manger.
46. Lampe forme boule en opale.
47. Candélabre bysantin doré et émaillé mat.
48.   —   grec   —   —
49. Lampe vase grec en onyx, forme œuf.
50.   —   —   —   bande émail.
51.   —   —   —   bande Parthénon.
52.   —   —   Lesbie.
53. Flambeau uni.
54. Lampe vase potiche, chine craquelée.
55. Appareil Billard, genre bossage.
56. Lanterne d'antichambre.
57. Petite suspension pour vestibule ou salle à manger.
58. Lampe vase grec, porcelaine décorée.

176 SOCIETÉ GÉNÉRALE DE PHOTOSCULTURE.

Avenue de Wagram, 42.

Statuettes, bustes, médaillons, camées en bronze, terre cuite, biscuit, plâtre, galvanoplastie.

177 TERRIEN (LOUIS-PIERRE-ALPHONSE), sculpteur ciseleur.

Rue Beaurepaire, 8.

1. *Léda*, d'après André del Sarte, bas-relief, bronze.
2. *Antiope*, d'après le Corrège,   *id.*   *id.*
3. Bouquet de coquelicots, bas-relief albâtre.
4. Chevaliers, statuettes en bronze, et hibou.
5. Jésus enfant, statuette de bronze, dans une console en bois de cèdre.

178 VAN MONS (PIERRE-FRANÇOIS-LOUIS), fabricant de bronzes.

Rue Harlay-au-Marais, 11.

Bronzes d'art et d'ameublement.

1. Diverses sculptures antiques réduites par le procédé Sauvage.
2. Le Milon de Crotone, par Puget.
3. Le berger Phorbas, par Chaudet.
4. Enlèvement de Proserpine, } par Coysevox.
5.   —   d'Orithyie, }
6. Moïse, par Michel-Ange.
7. Pandore, par Pradier.

8. Augures et Auspices, par Jacques Gauthier (modèles plâtre).
9. La collection des vases du château de Versailles.
10. Deux grands vases Renaissance, par Lechesne, de Caen.
11. Diverses œuvres du même, telles que : grande glace Renaissance, vases et coffres Renaissance et groupes divers.
12. Grande torchère, par Lequesne.
13. Grand lampadaire, par Jacques Gauthier (modèle plâtre).
14. Statuettes et groupes de divers auteurs.
15. Une série de garnitures de cheminées de tous styles.
16. Lustres, girandoles et appareils d'éclairage au gaz et aux bougies.

179 VÉTU (F.-Amand) fils, fabricant de bronzes.

Méd. 2ᵉ cl., Beaux-Arts appl., 1863, Paris.

Quai de Jemmapes, 158.

Bronzes d'art, groupes et pendules.

180 VIOT (G) et Comp., marbriers et fabricants de bronzes d'art.

Rue Popincourt, 29, et boulevard des Italiens, 24.

1. Jatte en onyx, avec bandeau en émail, cloisonné : pied en marbre de couleur, anses et patins en bronze doré, et émaux.
2. Deux lampes en marbre rouge antique, et bronzes dorés, style Louis XVI.
3. Plateau ovale en onyx, monture de bronze doré.
4. Deux lampes en onyx-cachemire, avec monture de bronze platiné, style Louis XIII.
5. Deux lampes en porphyre tendre, avec monture de bronze doré.
6. Diane, d'après le modèle de M. Carrier-Belleuse, statue bronze.
7. Psyché, bronze doré, d'après le même.
8. Pendule, candélabres en onyx, bronze doré et émaux cloisonnés.
9. Divers.
(Tous les objets exposés par la Compagnie des marbres-onyx d'Algérie sont exécutés sur les dessins de M. Eugène Cornu.)

181 WAGNER père et fils, fabricants de bronzes.

Rue de Crussol, 14.

Garde-feu et autres bronzes d'ameublement.

V

ART APPLIQUÉ AUX MÉTAUX ET AUX MATIÈRES DE PRIX

Dessins et Modèles.

Grande orfévrerie. — Orfévrerie de table.

Bijouterie, Joaillerie, Camées.

V

ART APPLIQUÉ AUX MÉTAUX ET AUX MATIERES DE PRIX

---

182 BARBET (Adrien), graveur sur pierres fines, né à
Paris, élève de Caillouette et de M. Levasseur.

Passage du Jeu-de-Boules, 2.

Camées et pierres fines gravées.

1. Portrait de M. L. O., camée, cornaline.
2. Tête d'Ajax, calcédoine.
3. Steeple-chase, agathe-onyx.

183 DUVAL (Félix), dessinateur.

Boulevard des Italiens, 5.

Dessins pour la joaillerie. la bijouterie et l'orfévrerie.

184 FANNIÈRE ✳ (François-Auguste) et FANNIÈRE ✳
(Joseph), sculpteurs-ciseleurs, fabricants d'orfévrerie,
de bijouterie et d'objets d'art, nés à Longwy, élèves
de Fauconnier et de Drolling.

**Méd. d'arg., Exp. nat,, 1849 (collaborateurs). — Deux
méd. 1re cl., 1855, Paris (orfévrerie et bijouterie, —
arquebuserie). — Méd., 1862, Londres.**

Rue de Vaugirard, 61.

1. Modèle ¦ de bouclier, sujets tirés de l'Arioste (Roland furieux), plâtre.
2. Une coupe, style Renaissance, argent.
   Une carafe, id.   id.   cristal et argent.
   Un porte-carafe, style Renaissance, cristal et argent.
   Un bouchon,   id.   id.   id.   id.
3. *Café* arabe, en vermeil.
4. Quatre pièces d'un thé Louis XVI, argent repoussé.
5. Cafetière, vermeil, style oriental.
6. Deux pièces d'un thé grec, argent.
7. Deux flambeaux (br. arg. et doré), style Renaissance.
   (Sujets : Cérès et Pomone.)
8. Deux salières, style grec, arg.
   Un coquetier, style oriental, arg.
   Deux cure-dents, arg.
9. Divers cachets, figurines et autres.
10. Un verre à eau, en cristal garni d'argent.
11. Diverses pièces de bijouterie, savoir : bracelets, broches, boutons de manchettes, épingles, etc.

185 FOCHEUX (Eugène), bijoutier-dessinateur.

Rue Zacharie, 14.

Dessins de bijouterie.

186 FROMENT-MEURICE et Cie, orfévres, joailliers, bijoutiers de la ville de Paris.

Maison fondée en 1794.

Méd. d'arg., Exp. nat. 1839, Paris. — Méd. d'or, 1844.
— Id., 1849. — *Council medal*, 1851, Londres. —
Méd. d'or, 1855, Paris.

Rue Saint-Honoré, 372.

1. Un coffret en argent, orné de dix émaux de forme ogivale représentant : Louise de Savoie, Marie de France, Anne de Beaujeu, Jeanne d'Albret, Anne de Bretagne, Marguerite de Valois, Clotilde de Surville, Henriette de France, Jeanne de Montfort, Jeanne d'Arc. Aux coins, quatre statuettes de pages : Dunois, Du Guesclin, Bayard et La Trémouille.

Ce coffret, commencé par François Froment-Meurice, et terminé peu de temps après sa mort, est la répétition, avec quelques variantes, des coffrets qui font partie de la toilette offerte par souscription à S. A. R, feue Madame la duchesse de Parme, à l'occasion de son mariage.

Les émaux sont de M. Sollier, d'après les cartons de Jean Feuchères; les pages, de M. Geoffroy de Chaume; la sculpture d'ornementation, de M. Liénard.

2. Calice et ciboire d'argent ciselé, ornés de grenats; sur le pied du calice, trois figures personnifiant les trois vertus théologales; sur le pied du ciboire, saint Pierre, saint Paul et saint Jean.

3. Couteau de chasse : un braconnier pris au piége en forme la poignée; cette figure est moulée par M. Rambert. (Reproduction d'un couteau de chasse acheté par feu S, A. R. le prince Albert.)

4. Cachet de fer orné de quatre petits bas-reliefs : Raphaël soumet un plan à Léon X. François Ier reçoit Charles-Quint. Bayard arme chevalier François Ier. Benvenuto Cellini.

5. Pendant de cou d'or émaillé orné de perles; le camée du centre, signé Picler, représente les forges de Vulcain; au-dessus, debout dans une coquille, Vénus entourée de Tritons et de Néréides. Ces figurines, d'or émaillé, ont été modelées par François Froment-Meurice; l'émail est de Lefournier.

6. Pendant de cou d'or émaillé orné de perles; le camée représente Jeanne d'Arc; au-dessus, un ange tient d'une main une palme, de l'autre, une couronne. Ce bijou, composé et modelé par M. Louis Audouard, a été émaillé par Sollier.

7. Broche d'or émaillé, ornée de perles. Le camée, de cornaline incrustée de brillants, a été sculpté d'après la médaille de la nymphe Aréthuse; il est entouré de deux syrènes; émaux par Lefournier.

8. Collier et boucles d'oreilles d'or; les douze petits bas-reliefs dont le collier est orné représentent les douze travaux d'Hercule; ceux des boucles d'oreilles, Hercule et Omphale.

9. Pendant de cou d'or émaillé; le centre, monté sur un pivot, porte d'un côté le portrait émaillé d'Henri IV, et de l'autre côté celui de Marie de Médicis.

10. Croix d'or émaillé; le centre, à ouvrant, renferme un très-petit Christ d'or émaillé.

187 HENG (Victor), dessinateur pour bijouterie et joaillerie.

Rue des Fossés-Montmartre, 7.

1. Cadre contenant des dessins de bijouterie de fantaisie.

2. Cadre contenant des dessins de joaillerie : broche, bandeau et bracelet.

188 JARDIN-BLANCOUD, graveurs sur métaux.
Méd. 2e cl., Exp. univ., 1855, Paris. — Méd. d'arg., 1860, soc. d'Enc. — Méd. d'arg., arts ind., 1861, Paris. — Méd. Exp. univ, 1862, Londres. — Méd. 1re cl., Beaux-Arts appl., 1863, Paris.

Place Dauphine, 17, et *rue des Grands-Augustins,* 19.

Gravure Fluoride sur pierres dures, porcelaine, cristaux, avec dorure, niellure, émaillage ou damasquinure.

Portraits, vues indestructibles et incrustations métalliques.

Gravure chromatique sur ivoire, procédé de feu Th. Maurisset.

189 LASSALLE et Cie, exportateurs d'articles de Paris.
Rue Louis-le-Grand, 37.

Bijoux.

190 MARREL aîné et fils, fournisseurs brevetés de S. M. l'Empereur et de S. M. l'Impératrice.
Méd. d'or, Exp. Nat., 1839, Paris. — Council medal, 1851, Londres. — ✷, novembre 1851.

Boulevard de la Madeleine, 21.

1. Grand vase en argent représentant des épisodes de l'Empire.
2. Coffre en ébène renfermant un nécessaire d'armes damasquinés d'or.
3. Service à café en argent décoré d'arabesques d'émail bleu.
4. Lavabo et bassin en argent repoussé, ornés d'attributs hippiques.
5. Buire et plateau en argent repoussé : combat des Pigmées et des Grues.

191 MASSON (Jean-Auguste), sculpteur-ciseleur.
Rue de Courcelles, 53, *Levallois.*

Projets en cire et bronze, pour l'orfèvrerie et la bijouterie.

192 MOREAU (Léon), dessinateur.

Rue Marcadet, 96 (Montmartre).

Dessins de bijouterie.

> *Guide pratique du Bijoutier*, application de l'harmonie des couleurs dans la juxtaposition des pierres précieuses, des émaux et de l'or de couleur, par Moreau, vol. in-12, orné de planches.

193 PHILIPPE (Émile), graveur, dessinateur, modeleur; breveté pour la gravure polychromatique sur ivoire en creux ou en relief.

Méd. d'arg., Arts ind., 1861, Paris.

Rue du Renard-Saint-Sauveur, 8.

Modèles :

A et **B.** Bustes de Buffon et de Daubenton, d'après Houdon, terre cuite.

C. Buste de Mlle C. P., terre cuite.

D. — — R. P., — —

E. Un cadre de miroir ovale en cire, à motifs d'ornements et d'animaux.

F. Une aiguière, maquette en cire, attributs d'eau.

G. Cinq compositions de style Renaissance, pour servir d'encadrements à des miniatures, miroirs, etc., en cire dorée et argentée, avec pierreries pour figurer l'exécution en métal.

Objets fabriqués : Gravure, ciselure, émaux :

1. Une coupe d'acier poli, gravée à l'eau forte avec garnitures ciselées et dorées ; travail genre Louis XIII.

2. Une coupe, acier doré et argenté, garnie de pierreries (même style). Gravure à l'eau forte.

3. Une paire de coupes et flambeaux, bronze émaillé (style grec).

4. Une paire de coupes et flambeaux, mêmes modèles, ciselés et dorés.

5. Une grande croix, bronze émaillé avec pierres, travail genre bizantin (XIIe siècle), les quatre évangélistes et le Père éternel sont en émaux peints.

6. Une croix (même modèle) à jours, remolayée et ciselée.

7. Une croix gothique à jours reposant sur ébène sculpté (travail pris sur pièces).

8. Plusieurs croix arméniennes émaillées et à jours.
9. Deux poignards émaillés mauresques.
10. Un poignard Louis XIII, acier gravé et doré, avec incrustations de turquoises.
11. Un conteau à papier, argent émaillé, style grec.
12. Plusieurs bonbonnières et objets divers, gravés, émaillés, argentés, dorés.

Sculpture et gravure sur ivoire :

13. Un coffret en ébène avec application de frises d'ornements et motifs à figures et animaux, surmonté d'un couronnement de deux chimères et écussons, le tont en ivoire sculpté.
14. Trois tableaux (même genre sur fond d'ébène).
15. Deux médaillons, têtes grecques sculptées, avec cadres dorés et gravés.
16. Un petit coffret, ivoire d'ornementatation mauresque, avec appliques à coraux (gravure en couleur par un nouveau procédé breveté).
17. Deux petits coffrets, style du xvie siècle, d'après l'original en acier du musée Sauvageot.
18. Un poignard de style mauresque avec incrustations de pierreries.
19. Divers objets tels que : conteaux à étuis, papier, bonbonnières, boites, etc., etc., comme spécimens de ce nouveau procédé de gravure polychromatique.

194 POIRET (Uldric), dessinateur pour la bijouterie.
Rue des Dames, 24, aux Ternes.
Dessins pour la bijouterie et la joaillerie.

195 REVERCHON (François), sculpteur miniaturiste sur camées, né à Meudon (Seine-et-Oise), élève de David d'Angers et de M. Caillouette.

Méd. br., 1860, Troyes. — Méd. 3e cl., 1861, Metz. — Méd. br., 1862, Rouen. — Méd. 2e cl., Beaux-Arts appl., 1863, Paris.

Rue de l'Oratoire, 26, Cité-Odiot, Champs-Élysées.

Portraits-camées des contemporains.

196 ROSSET (Henry), orfévre, successeur d'Alexandre Gueyton, pour l'orfévrerie, la bijouterie et la joaillerie.

Council medal, 1851, Londres. — Méd. d'honn., 1855, Paris. — Méd, 1862, Londres. — Méd. 1re cl., beaux-arts appl., 1863, Paris.

Rue d'Alger, 10.

Orfévrerie et bijouterie d'art.

197 RUDOLPHI (Frédéric-Jules) père, et RUDOLPHI (Frédéric-Aristide) fils, orfévres, bijoutiers, joailliers.

Méd. d'or, Exp. nat., 1844. — Id. 1849. — Council medal, Exp. univ. 1851,'Londres. — ✻ 1851. — Méd. de mérite, portative, or, 1852, Danemark. — 1re méd. 1853, New-York; — Prize medal, 1853, Dublin. — 1re méd.. 1854, Bordeaux. — Méd. 1re cl., Exp. univ., 1855, Paris. — Méd. d'honn., 1858, Dijon. — Chevalier de Danneborg, 1858, Danemark. — 1re méd., 1860, Besançon. — Méd. 1862, Londres.

Boulevard des Capucines, 23; prochainement *boulevard de Neuilly,* 87, et *place Wagram,* 1.

Un grand vase, argent ciselé, représentant les 7 péchés capitaux.
Grand coffre style bysantin, doré, émaillé, orné de pierres.
Bouclier argent ciselé et repoussé, représentant : la victoire des Danois sur les Livoniens, en 1219.
Diverses coupes en lapis, montures argent et pierres fines.
Calices, Saint-Ciboire, argent doré, pierres fines, émaux anciens et modernes.
Coupes, argent ciselé, jade, agathe et pierres fines.
Flambeaux lapis, montures argent ciselé.
Bijoux en argent oxydé, doré, émaillé et pierres fines.

198 VEYRAT (Adolphe), fabricant d'orfévrerie.
Maison fondée en 1815.

Méd. br. Exp. nat., 1827. — Méd. arg., 1839. — Id., 1844. — Id., 1849. — Ment. hon., 1853, New-York. — Méd. 1re cl., Exp. univ., 1855, Paris. — Méd. arg., 1858, Dijon. — Méd. arg. arts ind., 1861, Paris. —

Diplôme d'honn., 1863, Nîmes. — Méd. d'or, exp.
franco-espagnole, 1864, Bayonne.

Rue du Château-d'Eau, 31.

1° En argent massif :

Un coffre à bijoux.
Deux seaux à champagne.
Une coupe pour prix de concours.
Un pot à eau et cuvette.
Un encrier.
Deux casseroles à légumes.
Un thé complet.
Articles pour service de table.

2° En ruolz :

Un vase allégorique (Sciences et Arts).
Une coupe   —   (le Commerce et l'Agriculture).
    —   —   (la Guerre et la Marine).
Corbeille pour milieu de table.
Candélabres, plateaux, bouilloires.
Couverts, couteaux, etc., etc.

*(Hors concours comme membre du Comité d'organisation
de l'Union centrale.)*

VI

ART APPLIQUÉ A LA CÉRAMIQUE ET A LA VERRERIE

Modèles et dessins.

Terres cuites décoratives. Poteries d'art.

Lave et terre cuite émaillée.

Faïence peinte sur émail cru. Faïence émaillée.

Porcelaines unies ou peintes.

Émaux.

Verrerie, cristaux, glaces.

VI

ART APPLIQUÉ A LA CÉRAMIQUE ET A LA VERRERIE

199 BARBIZET (Victor-Jean-Baptiste), né à Gray (Haute-Saône), élève de l'Ecole de dessin de Châlon-sur-Saône.

Ment. hon. 1855, Paris; — Méd. 2ᵉ cl., Beaux-Arts appl., 1863, Paris; — Vingt-deux médailles dans diverses expositions d'industrie et d'horticulture de Paris, des départements et de l'étranger.

Place du Trône, 17.

Figures, vases, vasques, coupes, aiguières, jardinières, cache-pots, etc. en terre émaillée.

200 BAUD (Jean-Marc), peintre-émailleur.

Rue du Marché, 13, *à Neuilly.*

Émaux.

201 BAY (Gustave), fabricant de miroirs.

Rue de Lafayette, 126.

Miroirs, genre de Venise.

202 BEDIER (Nicolas-François), émailleur.

Rue de Montmorency, 36.

Emaux montés en bronze et en chêne sculpté.

203 BOSSE (Mme), née Félène Girardot, artiste peintre céramiste.

Méd. 3e cl., Beaux-Arts appl., 1863, Paris.

Rue des Fossés-Saint Jacques, 13.

Faïences peintes.

204 POULENGER aîné (Aimé-Jean-Baptiste,) fabricant de carrelages céramiques.

À Auneuil (Oise).

Carreaux en terre cuite incrustée de mosaïques.

205 BOUQUET (Michel), artiste peintre, né à Lorient (Morbihan).

Méd. 3e cl. (Paysage), Salon de 1839. — Méd. 2e cl., Salon de 1847. — Méd. 1re cl., Beaux-Arts appl., 1863, Paris.

Place Pigale, 1.

Faïences grand feu, peintes sur émail cru, et cuites chez Mme Demas, rue Fontaine-au-Roi, 66.

1. Bords de rivière.
2. Table, dessus de poêle.
3. Médaillon, paysage.
4. Paysage près Lorient, Bretagne.
5. id. près Quimperlé, Bretagne.
6. Ferme Bretonne.
7. Moulin à eau, en Dauphiné.
8. Médaillon des fleurs.
9. Église de Cricquebœuf, près Trouville.
10. Assiette, corbeille de fleurs.
11. id. paysage, lierre.
12. Vue d'Étretat.
13 Bords de la Marne.
14. Médaillon. — Loriot et groseilles.
15. Jardinière (appartient à Mme Deams).
16. Coupe, paysage (montée par M. Viardot sculpteur, rue Rambuteau, 26).

17. Coupe, guéridon, fleurs de passion. (montée par M. Viar-
     dot).
18. Nature morte. Buse et Pic-Vert.
19. Une rue de village dans l'Artois.
20. Paysage près Quimper (appartient à M. Carcenac).
21. Mare près Quimperlé.
22. Cour de ferme en Picardie.
23. Soir, sur le bord de l'eau.
24. Paysage (appartient à M. Charropin).
25.   id.   près Rennes.
26. Barques de la Tamise.
27. Le lac d'Enghien.
28. Jardinière, paysage (montée par M. Viardot).
29. Pot à tabac,   id.
30. Lampe.   id.
31.   id.   ronces et lierre.
32. Coupe, boules de neige (montée par M. Viardot).
33.   id.   paysage (montée par le même).

206 **BRIANCHON** (Jules), peintre céramiste.

Méd. d'arg., 1859, Bordeaux. — Méd. d'arg. de 1re cl.,
   1860, Soc. d'encouragement. — Méd. d'arg., 1860,
   Besançon. — Méd., 1862, Londres. — Méd. 2e cl.,
   Beaux-Arts appl., 1863, Paris.

Rue Fénélon, 7.

Nouvelle décoration à reflets métalliques et irisés sur
   porcelaine, faïence et cristaux, imitant la nacre blanche, les nacres colorées, l'or, l'argent, le bronze, l'émeraude
   et les couleurs des coquilles.

1. Service de table complet de 12 couverts à festons, au
     Marly nacré, avec peintures, fruits et fleurs, d'après nature.
2. Pendule représentant la Naissance de Jésus.
3. Thé Louis XV, à fond jaune d'or.
4. Un service à dessert composé de corbeilles de toutes for-
     mes et imitant la nacre blanche et changeante.
5. Vases décorés dans le style de la Renaissance, motifs dans un
     fond tout nacré.
6. Une garniture de cheminée en 3, avec des arabesques
     rehaussées d'or.
7. Quelques vases de forme pure renfermants, décorés avec
     des couleurs aux reflets métalliques.
8. Objets de fantaisie divers, imitant les coquilles les plus va-
     riées, aux reflets prismatiques et changeants.

9. Une Aiguière forme coquille et sa coquille.
10. Articles de luxe pour bâtiment, imitant l'ivoire, l'or, etc.,
   tels que boutons de porte variés de forme, boules de
   rampes d'escalier et balustres.

207 BUQUET (Charles), miroitier.

Rue de Bucy, 15.

Miroirs de luxe et vitres de fantaisie.

208 CALLIAS (Mme Benigna de), artiste peintre.

Rue Balzac, 9.

Faïences peintes sur émail cru, et cuites au grand feu.

209 CALLIAS (Horace de), artiste peintre.

Rue Balzac, 9.

Faïences peintes sur émail cru, et cuites au grand feu,

210 CHABERT (Charles-Edme), graveur.

Rue Feydeau, 4.

Nielles sur argent et gravure sur verre.

211 CHAMPIGNEULLE (Charles), sculpteur.

Méd. d'or, 1863, Nîmes. — Méd. 1re cl., 1864, Bayonne,
   — Méd. d'or, 1865, Nice. — Diplôme d'honn., 1865,
   Chaumont (Haute-Marne).

A Metz (Moselle).

La céramique appliquée à la statuaire religieuse.
Christ sur la croix ; la Vierge ; saint Jean ; la mise au
   tombeau, etc. ; terres cuites peintes.

212 DECK (Théodore), fabricant de faïence d'art.

Atelier fondé en 1858 : faïences décoratives et architec-
   turales ; grands panneaux décoratifs et carreaux de
   revêtement pour salles à manger, salles de bain, ves-
   tibules, fumoirs ; vases, jardinières, etc. Genre
   faïences Henri II ; poteries à émaux cloisonnés.
Méd. br. 1861, Bruxelles. — Méd. d'arg. Arts ind. 1861,
   Paris. — Méd. 1862, Exp. univ., Londres. — Méd.

d'arg. 1863, Nevers. — Méd. 1re cl., Beaux-Arts appl. 1863, Paris. — Méd. d'or, Arts ind. 1864, Paris.

Boulevart Saint-Jacques, 46.

1. Panneau décoratif, l'enfance de Bacchus, composition et peinture de M. V. Ranvier, longueur 2m 40, hauteur 1m 35.
2. Panneau décoratif, chasse au cerf. Composition et peinture de M. Gluck, longueur 2 m. hauteur 0,50 c.
3. Deux panneaux décoratifs, chasse au sanglier et au cerf, composition et peinture de Gluck.
4. Vase grec, composition et peinture de M. Hirsch.
5. Deux grands vases, formes Alhambra, décor mauresque fond bleu turquoise, hauteur 1 m. 10.
6. Bénitier d'après un modèle de M. J. Félon.
7, 8 etc. Divers plats exécutés par MM. Hamon, François Rauvier, Gluck, Ehrmann, Hirsch, etc.

213 DE RAEMAKER (Guillaume), tailleur de cristaux.

Cour du Commerce, 2, au Temple.

Glaces de Venise.

214 DESSIRIER (Isidore), fabricant de produits céramiques.

Route de la Reine, 142, à Boulogne-sur-Seine.

Carrelages incrustés et émaillés.

215 DEVERS (Joseph), peintre sur émail de S. M. le roi d'Italie, chevalier de l'ordre des SS. Maurice et Lazare, né à Turin, élève d'Ary Scheffer, de Rude et de Picot.

Atelier fondé en 1847 ; peintures et sculptures monumentales en lave et terre cuite émaillée ; reproduction des faïences du XVIe siècle, genre Lucca della Robbia ; modèles de tous genre et de tous styles pour la faïence.

Méd. 3e cl. Salon de 1849. — Prize medal, 1851, exp. univ. Londres. — Méd. 3e cl. (Beaux-Arts), 1re cl. (Industrie), 1855, Exp. univ., Paris. — Méd. d'honneur, 1857, Turin. — Méd. d'arg. 1859, Bordeaux. — Méd. d'or, 1861, Nantes. — Méd. br. 1862, Metz. — Méd. 1862, Exp. univ. Londres. — Grande méd.

d'or de l'Empereur, 1863, Nevers. — Méd. 1re cl.
Beaux-Arts appl. 1863, Paris.

Avenue de la Santé, 44 (Route d'Orléans).

Figures, bustes, vases et autres objets en faïence
émaillée.

216 DURANT (Mlle MARIE), artiste peintre, directrice de
l'école de dessin du Xe arrondissement, née à Bordeaux,
élève de M. Ange Tissier et de Mme Pauline Laurent.

Rue Clauzel, 6.

Émaux. — Peintures sur porcelaine.

217 FALOUR (ALVIN-FIRMIN), fabricant de jardinières en
porcelaines.

Rue Saint-Georges, 31.

Jardinières.

218 FICQUENET (CHARLES), décorateur faïencier.

Grande Rue, 90, à Sèvres (Seine-et-Oise).

Faïences peintes : vases, coupes, plats, etc.

219 GENEVOIX (CHARLES), fabricant de cache-pots.

Rue Bonaparte, 48.

Faïence, porcelaines, cristaux montés en bronze.

220 GENLIS et RUDHARDT, artistes peintres,

GENLIS (Julien), né à Paris, élève de M. Jeanron.

RUDHARDT (Charles) né à Genève (Suisse).

Atelier fondé en 1863.

Ment. hon. au concours céramique de Nevers, 1863. —
Méd. 2e cl., (Beaux-Arts appl.) 1863. Paris.

Rue Saint-Maur Popincourt, 189.

Faïences à émail stannifère; émaux en relief sur fond
bleu opaque.
Peinture sur émail cuit au grand feu.
Plats, vases, jardinières, cache-pots, lustres, flambeaux,

lampes, boules et demi-boules pour l'éclairage par
suspension, coupes grandes et petites pour la monture
en bois et en bronze.

Styles anciens et modernes

221 GOUVRION (Auguste), peintre céramiste.

Rue du Buisson Saint-Louis, 25.

Objets peints sous émail au grand feu :

1. Un grand seau, orné de cariatides et de quatre marines :
   La pêche du thon; La pêche du hareng; Vue de Cannes;
   Plage de la Croisette.
2. Plat, bordure, avec marine : La rentrée au port, (Calvados).
3. Paire de vases : Têtes de lion; Routiers d'après Salvator
   Rosa.
4. Paire de vases :   id   Couronne de fleurs, composition originale.
5. Paire de vases : Fleurs et papillons, genre grec, composition originale.
6. Vase, Renaissance : L'amoureux de Golzius, camaïeu.
7. Paire de vases : Fleurs, camaïeu.
8. Paire de seaux; sujets : La chasse et la pêche.
9.   id.   sujets chinois.
10 et 11. Paire de coupes : Lions et bois.
12. Paire de seaux droits; sujets : Paysans russes, d'après
    Leprince.
13. Paire de seaux droits : sujets d'Orient, paysages.
14.   id.   avec arbres, d'après Vernet.
15. Paire de seaux coniques, avec paysages de Berghem.
16.   id.   sujets : Routiers.
17. Seau : Sujets routiers.
18. Plaque; sujets : Chevaux d'après nature, composition ori-
    ginale.
19.   id.   id   id.
20. Plaque; sujet : Paul Véronèse.
21. Plaques, Oiseaux, Aigrettes d'eau.
22. Paire de seaux coniques : Oiseaux; aigrettes et ibis.
23 et 24. 2 paires de seaux coniques : Formes vierges, camaïeu
    bleu et vert.
25. Plaque : Paysage, composition originale.
26. Paire de vases Renaissance.

Assortiment de pièces d'un genre purement commercial :

27. Lampes émaillées au feu de four, (émail stannifère, échan-
    tillon).

28. Échantillon d'émail blanc avec touches de couleur.

222 GUILLEMOT (Louis-Auguste), tailleur de cristaux.
Rue des Vinaigriers, 10.
Cristaux taillés, glaces de Venise, lustres.

223 HOURY (Jules), fabricant de porcelaines et faïences d'art.
Méd. 3ᵉ cl., Beaux-Arts appl. 1863, Paris.
Boulevard de Strasbourg, 37, *et Impasse Cottin*, 5, *à Montmartre.*
Faïences françaises montées sur bois.

224 JEAN (Auguste), peintre céramiste.
Rue d'Assas, 32, *et boulevard Malesherbes*, 39.
Faïences d'art.

225 LAURIN (François), fabricant de faïence d'art.
Méd. 1ʳᵉ cl., Beaux-Arts appl., 1863, Paris.
A Bourg-la-Reine.
Vases, coupes, jardinières, plats, en faïence peinte et émaillée.

226 LEVY et Cie, fabrication dirigée par C. Levy.
Rue Vieille-du-Temple, 128, *et rue de l'Oseille*, 8.
Porcelaines décorées pour bronzes.

227 LONGUET (Charles-Gustave), peintre céramiste.
Méd. 1ʳᵉ cl., Beaux-Arts appl. 1863, Paris.
A Gambais, (*Seine et Oise*).
Faïences d'art.

228 MACÉ (Louis-Aimé-Césaire), fabricant de porcelaines décorées.
Rue Boileau, 21 *bis, Auteuil.*
Porcelaines décorées.

229 MAILLOT (MLLE HÉLÈNE), artiste peintre.

Rue Violet 59, à Grenelle.

Peinture sur porcelaine.

230 MAUSSION (Mlle ELISE DE), artiste peintre, née à Falaise (Calvados).

Rue des Bons-Enfants, 24.

1. Madame de Fontange, lave émaillée.
2. Eventail, genre Boucher.
3. Tête de Vierge, d'après Belloni, Musée du Louvre, porcelaine.
4. Coupe, porcelaine.
5. Bénitier peint sur porcelaine, d'après Raphaël.

231 MERY (MLLE EUGÉNIE), artiste peintre céramiste.

Rue Blanche, 44.

Vases de faïences.

232 MOIRAND (Mlle EMILIE), artiste peintre, née à Paris, élève de M. Bure et de Mlle Elisa Leguay.

Rue du Marché, 21, Paris-Grenelle.

Aquarelles :

Etude d'après nature, Lys élégant.
Eventail sur soie, sujet Boucher, gouache.
Eventail sur papier, fleurs.

Peinture sur porcelaine :

Fleurs, d'après Van-Spaendonck.
Vénus bacchique, Sèvres, assiette.
Fruits, assiette.

233 MONESTROL (FORTUNÉ DE), marquis d'Esquille, dit le Potier de Rungis.

Méd. d'arg. Soc. d'enc. — Méd. d'arg., 1861, Nantes. — Méd. 2ᵉ cl. Beaux-Arts appl. 1863, Paris.

A Rungis (Seine).

Emaux nouveaux sur porcelaine.

234 MONTPELLIER (Mlle Eugénie), artiste peintre.

Rue Basse-du-Rempart.

Deux faïences peintes.

235 PEIGNOT (Mlle Alice), artiste peintre, née à Dijon,
élève de Mlle de Maussion.

Rue de l'Ouest, 98.

Portrait de S. M. l'Impératrice, d'après M. Winterhalter,
porcelaine.
Baigneuses, d'après Boucher, porcelaine.

236 PENET (Lucien-François), artiste peintre, né à Thiennes
(Nord), élève de Kurten.

A Sèvres, place Impériale 9.

Peinture sur lave émaillée.

237 POPELIN (Claudius), peintre d'histoire, élève d'Ary
Scheffer et de M. Picot.

Rue de Tehéran 5, *(boulevard Haussmann).*

Emaux sur cuivre.
La Renaissance des lettres.
Jules César.
Calvin.
Portrait.

238 PULL (Georges), maître potier, né à Weissembourg,
(Bas-Rhin).

Atelier fondé en 1856.

Méd. br. exp. d'horticulture, 1859, Paris. — Méd. d'honneur, 1859, Acad. agr. manuf. et comm. — Rappel
en 1860. — Méd. d'arg. de 2e cl. 1860, soc. imp. et
centr. d'hort. — Méd. 1re cl. 1862, *id.* — Méd. d'arg.
Arts ind. 1861, Paris. — Rappel de méd. de 1re cl.,
1863, soc. imp. et centr. d'hort. — Méd. d'arg. 1863,
Nevers. — Méd. 1re cl. Beaux-Arts appl. 1863, Paris.

Grande-rue de Vaugirard, Paris, 244.

1. Un grand vase Médicis avec rinceaux.

2. Une grande vasque avec anses à tête de bélier, modèle original dans le genre de Bernard Palissy.
3. Deux grands vases avec médaillons et figures Diane et Apollon.
4. Jardinière fond bleu avec figure à gaîne de femmes ailées pour anses.
5. Un plat original orné de couleuvres, lézards, grenouilles, poissons, coquilles et feuillages.
6. Un plat original avec reptiles, coquilles et feuillages.
7.   id.   avec tortues, poissons et feuillages.
8.   id.   avec lézards, papillons, fougères et feuilles de lierres.
9. Une hure de sanglier.
10. Un cadre-bénitier à jours d'après la Renaissance italienne, orné de cinq anges et feuilles d'acanthe.
11. Plat Vénus aux amours, agrandi d'après l'exemplaire du musée du Louvre.
12. Un plat Corne d'abondance d'après l'exemplaire du musée du Louvre.
13. Un plat et son aiguière moulés sur l'original en étain de François Briot.
14. Un plat Belle Jardinière d'après l'exemplaire du musée du Louvre.
15. Un plat ovale à baguettes et entrelas du musée du Louvre.
16. Un plat rond à jours orné de pâquerettes.
17.   id.   Mascarons.
18.   id.   grand modèle.
19.   id.   ovale à jours.
20.   id.   rond à jours.
21.   id.   Neptune.
22.   id.   Niellé.
23.   id.   Soleil.
24.   id.   compotier orné de mascarons et feuilles d'acanthes.
25. Un compotier avec arabesques.
26. Un plat ovale orné de quatre génies et cinq cuvettes.
27. Un plateau avec amours, feuillages et médaillons.
28. Un petit plat ovale avec médaillon représentant la Musique.
29.   id.   la Poésie.
30. Un plat ovale, famille Henri IV, d'après l'exemplaire du musée du Louvre.
31. Un petit plat ovale, Nativité.
32. Une coupe de Benvenuto Cellini.
33. Une coupe cuvette jaspée, avec les médaillons des douze Césars.

34. Flambeau-applique, d'après un exemplaire du musée de
Cluny.
35. Deux vases, l'un Borghèse, l'autre Médicis.
36. Id.   id.   coupes avec têtes de béliers, mascarons et
guirlandes de fruits.
37. Deux coupes en pierre factice ornée de couleuvres et
de Syrènes.
38. Deux vases ornés d'amours et de mascarons.
39.   id.   de médaillons et Mascarons.
40.   id.   grecs sujets mythologiques.
41.   id.   formant vide-poches avec tête de béliers.
42. Deux cornets à fleurs avec figures
43. Deux corps de lampes ornés de têtes de bélier.
44.   id.   genre moresque, exécutés pour Mᵐᵉ la
baronne de Rothschild.
45. Deux petits cornets formés d'arabesques, genre moresque.
46. deux porte-cigares.
47. Deux gourdes à têtes de bélier et médaillons : Diane au
bain.
48 Une Vierge tenant l'enfant Jésus sur ses genoux, médaillon entouré de guirlandes de fruits d'après Lucas della
Robia.
49. Une pendule, d'après un bronze florentin.
50. Une vierge jardinière avec l'enfant Jésus et saint Jean,
d'après Raphaël, par Chardigny.
51. Un pot à eau, d'après l'exemplaire du musée Sauvageot
au Louvre.
52. Une cannette composée d'ornements, d'après François
Briot.
53. Une Statuette : Nourrice.
54.   Id.   Joueur de vielle.
55. Deux flambeaux : Amours.
56. Id.   Id.   Renaissance, d'après l'exemplaire du
musée du Louvre.
57. Deux flambeaux avec guirlandes de fleurs et tête de
bélier.
58 Deux supports : amours.
59.   Id.   Id.   musiciens.
60.   Id.   Id.   Mascarons.
61. Deux statuettes : bénédicité et mangeuse d'œufs.
62. Un bouclier.
63. Un corne byzantine.
64. Un mortier genre Henri II.
65. Une salière ovale ornée de chimères à jours.
66.   id   triangulaire, ornée de 3 mascarons et Dau-
phins, à jours, d'après l'exemplaire du musée du Louvre.

239 ROUSSEAU (Emile), chimiste.

Rue des Ecoles, 66.

Palette céramique, accompagnée de produits chimiques qui ont servi à l'obtenir.
Produits chimiques pour la photographie.

240 ROUSSEAU (F.-Eugène), né à Paris, fabricant de porcelaines et de faïences d'art.

Méd. 1862, Londres. — Méd. 1re cl. Beaux-Arts appl. 1863, Paris.

Rue Coquillère, 41.

Vases, coupes, aiguières, plats, services de table en porcelaine peinte et en faïence émaillée.

Porcelaines, dites *pâtes rapportées* : vases et plaques pour meubles.

(*Hors concours comme membre du Comité d'organisation de l Union centrale.*)

241 TOSTAIN (Paul-Émile), fabricant de glaces et d'ameublements de luxe.

Galerie de la Madeleine, 7, 8, 10, 11, 12.

Glaces de Venise.

VII

ART APPLIQUÉ AUX ÉTOFFES DE VÊTÉMENTS
ET D'USAGE DOMESTIQUE

Dessins, Modèles.

Châles, Cachemires, Dentelles, Guipures, Broderies,

Passementerie.

Étoffes de laine et de soie.

Étoffes imprimées.

Toiles ouvrées et damassées.

VII

ART APPLIQUÉ AUX ÉTOFFES DE VÊTEMENTS ET D'USAGE DOMESTIQUE

242 GONELLE, frères (JOSEPH et FRANCISQUE), dessinateurs pour cachemires, nés à Lyon (Rhône), élèves de A. Dupuis et d'Amédée Couder.

Méd. 2ᵉ cl. Exp. univ. 1855, Paris. — Méd. 1ʳᵉ cl., arts ind., 1861, Paris. — Ment. hon., Exp. univ. 1862, Londres. — Méd. 1ʳᵉ cl., Beaux-Arts appl. 1863, Paris.

Rue du Mail, 6.

Dessins de châles.

243 LEFÉBURE (AUGUSTE) et fils, fabricants de dentelles.

Méd. d'or, Exp. nat. 1827; — 1844; — 1849; — 1849; — Prize médal, 1851, Londres. — Méd. 1853, New-York. — Méd. d'honneur, 1855, Paris.

Rue de Cléry, 42.

Dentelles véritables.

(Hors concours comme membre du Comité d'organisation de l'Union centrale.)

244 MEUNIER et Cie, négociants et fabricants de rideaux à tarare.

Boulevard des Capucines, 6.

Rideaux brolés, linge damassé, etc.

245 POTTIER (Mlle Constance), artiste peintre-dessinateur, née à Paris, élève de M. A. Bonheur.

Rue de Cléry, 25.

Groupes de fleurs, pastel.
Dessin de robe.

246 ROUSSEL (Alcide), dessinateur pour dentelles, né à Saint-Maximin (Oise), élève de M. Feuillette, attaché à la maison Auguste Lefébure et fils.

Méd. br. Bruxelles, 1856. — Méd. br. Dijon, 1858. — Méd. arg. Rouen, 1859.—Méd. br. Paris, 1861, Exp. des arts ind. — Méd. 1re cl., Beaux-Arts appl. 1863, Paris.

Rue de Cléry, 42.

Compositions diverses pour dentelles :

1. Dessin de points pour dentelle noire de Bayeux.
2. Dessin, gouache pour rideaux, genre Venise, exécuté pour madame la comtesse de Païva.
3. Dessin de points pour dentelle noire de Bayeux.
4. Dessin d'ombrelle pour point d'Angleterre.
5. Dessin d'ombrelles pour point de Bruxelles et d'Angleterre.
(Voir MM. Auguste Lefébure et fils pour l'exécution.)

247 SAJOU ✳ (Maison), CABIN (Claude Marie), successeur, fabricant de dessins et ouvrages de dames.

Ment. hon., Exp. nat., 1844, Paris. — Méd. br., id., 1849, Paris. — Méd. d'arg. Soc. d'Enc., 1855. — Méd. 1re cl., 1855. Paris. — Méd. Exp. univ. 1862, Londres.

Rue de Rambuteau, 52.
Dessins et ouvrages à l'aiguille.
Mosaïques en bois.

248 VAILLANT, frères (AIMÉ et CLOVIS), dessinateurs.
Rue Saint-Sauveur, 52.
Dessins pour impressions sur étoffes.

VIII

ART APPLIQUÉ AUX ARTICLES DIVERS.

———————

Dessins et Modèles.

Voitures. — Armes à feu, Armes blanches, Coutellerie,
Tabletterie, Petits meubles. — Articles de Paris. — Reliure.

Pipes sculptées. — Cartes à jouer. — Fleurs artificielles. —
Éventails.

VIII

ART APPLIQUÉ AUX ARTICLES DIVERS.

249 ARMAND (J.-L.), mécanicien.
Rue de Paris-Belleville, 61.
Papiers de sûreté.

250 BEAUDOIRE-LEROUX (Louis-Stanislas), relieur-papetier, breveté s. g. d. g., seul possesseur de la mosaïque
en bois imitant la tapisserie.

Méd. 1862. Londres. — Méd. 2e cl., beaux-arts appl.
1863, Paris.—Ment. hon. Méd. vern., 1864, Bayonne.
— Méd. d'arg. 1864, Angers.

Rue Chapon, 21.

Reliures :

Albums à photographies en maroquin, Boule, marqueterie, bois
sculpté, mosaïques.
Agenda-souvenirs.
Origine de l'imprimerie de Paris, un volume in-4°.
Antiquités percheronnes, reliure souple.
Guide du compositeur d'imprimerie, demi-reliure.
Guaches chinoises, in-4°.

Reliure ancienne :
Bible du xvᵉ siècle.

Maroquinerie et Papeterie:
Buvards, porte-cartes, petits livres, adresses, carnets, réper-
toires, albums à dessiner, porte-cigares, porte-monnaie,
portefeuilles.
Application de la Mosaïque en bois :
Boîte à ouvrage, boîte à bijoux.

251 BENEZIT (Mᵐᵉ Euphrasie), fleuriste.

Méd. 2ᵉ cl. beaux-arts appl., 1863, Paris.

Rue du Bac, 42.

Fleurs, feuillages et plantes décoratives d'après nature.

252 CHARCOT (Pierre-Martin), carrossier.

Avenue d'Eylau, 81.

Une voiture.

253 CHARTRAIN (Julien-Mathieu), fabricant de pipes en
écume de mer.

Boulevard de Sébastopol, 97.

Pipes et porte-cigares sculptés, en écume de mer.

254 CLE GET (Charles-Ernest), dessinateur et graveur
d'ornements, né à Paris, élève d'Aimé-Chenavard.

Rue de l'École-de-Médecine.

Méd. d'arg. Exp. nat. de 1849. — Prize medal., 1851,
Londres. — Méd. d'arg. 1852, Soc. d'Enc. — Méd.
1ʳᵉ cl. 1855. Paris.
1° Un dessin d'encadrement pour le portrait de Claude-
Aimé Chenavard, gravé par M. H. Dupont.
(Dessin offert au Musée des Beaux-Arts appliqués à
l'industrie.)
2° Un jeu de cartes à jouer. Nouveau modèle à raccords
perdus. Cartes à deux têtes, destinées à être imprimées par les procédés de la typographie en couleur.

(Nota. Ces cartes, dont le modèle est déposé, sont
la propriété du docteur Treuille, à Paris).

Comme point de comparaison, l'exposant a réuni dans son cadre un spécimen de divers jeux étrangers, cartes anglaises, espagnoles, belges, allemandes, suisses, etc., ainsi que les cartes françaises de la régie, et celles de diverses fabriques.

255 CORNE (Adolphe), peintre et graveur héraldique.

Rue de Richelieu, passage Saint-Guillaume, 8.

Peintures, chiffres et fantaisies.

256 DAMERON (Louis), carrossier.

Rue Malar, 3, quai d'Orsay.

Deux voitures.

257 DE LAERE (Mme J. V.), fleuriste.

Rue de Richelieu, 18.

Fleurs artificielles.

258 EVERICKX (Charles Joseph), fabricant d'ébénisterie de voyage.

Rue de Choiseul, 23.

Table pliante de campement, jeux divers.

259 FAYET (D.-J.) et Cie, éventaillistes.

Rue du Grand-Chantier, 4.

Éventails.

260 FERRAND (Jérassime), fabricant de pique-cigares.

Rue du Havre, 11.

Pique-cigares ornés de sujets en bronze.

261 GARNIER (Clément), artiste peintre, né à Paris, élève de Guillon-Lethière.

Méd. 1re cl., Beaux Arts appl., 1863, Paris.

Boulevard Saint-Michel, 113.

Vénus et Adonis, d'après Boucher : gouache.
La Comédie, d'après Vanloo : gouache pour éventail.

262 HAARHAUS (Robert), dessinateur, graveur, estampeur.
Rue de Palestro, 1.
Ornements pour diverses industries d'art.

263 HENNING et AIGNER, carrossiers.
Quai de Billy, 54.
Une voiture.

264 KELLNER (Georges), carrossier.
Boulevard Haussmann, 91.
Voiture de gala commandée pour le vice-roi d'Egypte.

265 LAINE (Armand), menuisier, ancien ouvrier dans les chantiers maritimes.
Rue de Saintonge, 11.
Modèle de vaisseau.

266 L'HERITIER (Mme Ve Elisabeth), fabricante de miroiterie.
Rue Albouy, 14.
Miroirs doubles pour se voir simultanément le visage et le derrière de la tête.

267 MALIDOR (Mlle Emilie), fleuriste et plumassière.
Méd. 1re cl., exp. d'hort. — Méd. 2e cl., arts ind, 1861. — Méd. Exp. univ. 1862, Londres.
Rue Neuve-Saint-Augustin, 31.
Fleurs, parures, écrans, fantaisies pour modes, en plumes provenant des colonies françaises.
(Exposition permanente des colonies au Palais de l'Industrie).

268 MARMUSE fils (Charles-Gustave), fabricant de coutellerie et d'orfévrerie de table.
Rue du Bac, 26.
Couteaux de table en ivoire vert, montés en argent,

écussons Louis XVI, lames renaissance. — *Id.* manches en nacre. — Deux couteaux jumeaux, style Louis XV, manches en nacre et malachite, garnis en or, étui maroquin vert. —Truelle à poisson. — Châtelaine Louis XV, etc.

269 MARTY (Pierre), ébéniste.
Rue Dupin, 5.
Boîtes pour catalogues.

270 PAILLARD (Adolphe), opticien de l'Empereur.
Rue de Richelieu, 97.
Lorgnettes, jumelles de luxe.

271 PENAND (Jules), fabricant de cafetières.
Rue de l'Arbre-Sec, 60.
Cafetières riches et glacières.

272 PETIAU (H.), artiste peintre.
Rue Saint-André-des-Arts, 56.
La France distribuant des couronnes aux Beaux-Arts, d'après M. Heim : gouache pour éventail.

273 PIAULT (Jules), fabricant de coutellerie.
Boulevart de Sébastopol, 43.
Coutellerie riche de table.

274 PITOLET (Mlle Fanny), artiste peintre, élève de M. Barré.
Passage Chausson, 9 bis.
Eventail, soie.

275 RAIMOND (Joseph), ébéniste, fabricant de caves à liqueurs.
Rue du Faubourg-Saint-Martin, 59.
Caves à liqueurs, articles pour service de table.

276 RAVENET aîné (Louis-Alphonse), fabricant de peignes.
Rue Saint-Denis, 366.
Peignes en bois, buis, corne, écaille sculptée.

277 SAUNIER (Camille-Louis), fleuriste.
Rue Meslay, 61.
Boutons pour fleurs et fruits dorés.

278 SCHERTZ (Jules Gustave), ébéniste.
Rue du Faubourg Saint-Jacques, 21.
Quatre stéréoscopes américains.

279 THOUROUDE (Alexandre), fabricant de coutellerie et d'orfévrerie de table.
Boulevard Pigalle, 36.
Couteaux, couverts, articles de bureau.

280 TOURNIER (Charles-Marie-Louis), fabricant de boutons pour fleurs.
Rue de Tracy, 5.
Pistils et boutons.

281 VIÉE (Mme Berthe), éventailliste.
Rue de Grenelle-Saint-Germain, 5.
Éventails décorés de fleurs à la gouache.

IX

ART APPLIQUÉ A L'ENSEIGNEMENT ET A LA VULGARISATION

Gravures sur métaux, sur bois; Lithographie;
Lithochromie; Autographie; Gravure héliographique.
Photographie.
Imprimerie. — Livres et publications illustrées.

IX

ART APPLIQUÉ A L'ENSEIGNEMENT ET A LA VULGARISATION

---

282 BERNOS (Louis), dessinateur.

Cours de Vincennes, 74, St-Mandé.

Dessins de machines.

283 BLAISE (Louis-Hippolyte-Ferdinand), dessinateur graveur.

Rue de la Tombe-Isoire, passage Gourdon, 12.

Gravure en relief pour la typographie.
Actions, mandats, etc. Illustrations pour ouvrages de sciences, d'arts et d'industrie.

284 BŒRINGER (Georges), décorateur sur verre et sur glace.

Place de l'Observatoire, boulevard du Montparnasse, 142.

Photographies métallisées.

285 BOUASSE-LEBEL fils aîné (HENRI-MARIE), imprimeur-
éditeur.

Rue Saint-Sulpice, 29.

Modèles de dessin en tous genres.

Sculptures religieuses polychromes.

286 BRAUN ✳ (ADOLPHE), dessinateur, photographe de l'Empereur.

A Dornach (Haut-Rhin); à Paris, rue des Écoles, 66.

Dix-huit cadres contenant des photographies de fleurs
d'après nature, et des vues panoramiques.

287 BURCK (JACQUES), dessinateur lithographe.

Rue Soufflot, 5.

Epreuves de lithochromie.

288 CHAUMONT (PIERRE-LOUIS), dessinateur-graveur pour les
sciences, les arts et l'industrie, ancien élève et conti-
nuateur des ouvrages de M. Le Blanc.

1er prix du Conservatoire des Arts et Métiers. — Méd.
1re cl. — Beaux-Arts appl., 1863, Paris.

Rue Domat, 28.

Gravures de machines, appareils et organes de machines,
du Vignole des mécaniciens, du Génie industriel, des
Moteurs à vapeur et hydrauliques publiés par M. Ar-
mengaud aîné.
Gravures à l'aqua-teinte, imitant le lavis, pour servir de
modèles dans l'enseignement du dessin, d'après M. J.
Fouché (ouvrage sous presse).
Gravure à l'aqua-teinte représentant des fragments d'architecture, d'après A. Tronquoy.

289 CHEVALIER (FÉLIX-MARIE), photographe.

Passage Bourg-l'Abbé, escalier C.

Portraits photographiés, noirs et coloriés.

290 CURMER (HENRI-LÉON), libraire-éditeur.

Méd. d'arg., Exp. nat., 1839, 1844; — br. 1849. — Méd.
2e cl. 1855, Paris. — Méd. 1862, Londres. — Méd.
1re cl., Beaux-Arts appl., 1863, Paris.

Rue de Richelieu, 47.

Impressions en chromolithographie.

Reproduction des miniatures du Livre d'Heures, peint
par J. Fouquet pour Me Estienne Chevalier, trésorier
général des rois Charles VII et Louis XI.

PREMIER CADRE.

Baiser de Judas.
Jésus-Christ devant Pilate.
Jésus-Christ portant sa croix.
Mort de Jésus-Christ sur le Calvaire.
Le Corps du Sauveur descendu de la croix.
Mort de Notre-Dame.

DEUXIÈME CADRE.

Annonciation.
Funérailles.
Job frappé de la lèpre.
Adoration des Mages.
Saint Thomas d'Aquin.
Notre-Dame avertie de sa mort prochaine.

TROISIÈME CADRE.

L'Institution de l'Eucharistie.
La Naissance de saint Jean-Baptiste.
Jugement dernier.
Paradis.
Saint Nicolas, évêque.
Sainte Madeleine aux pieds de Notre-Seigneur chez le Pharisien.

QUATRIÈME CADRE.

La Visitation.
Le Mariage de la Vierge.
Maistre Estienne Chevalier en adoration devant la Vierge.
La Vierge allaitant l'Enfant Jésus.
Enterrement de la Vierge.
Couronnement de la Vierge.
(Cet ouvrage est en cours de publication.)

291 DAGRON et Cie, photographes.

Rue Neuve-des-Petits-Champs, 66.

Photographie microscopique sur petits cylindres dits *Stanhopes*, sur pierres fines et fausses de toutes grandeurs et de toutes formes, à simple ou double vue, taillées à facettes, montées sur bijoux ou non montées.

Photo-micro-stéréoscope sur clefs, breloques, porte-crayons, etc.

Appareil multiplicateur à un cran, contenant vingt objectifs pouvant produire facilement mille photographies microscopiques à l'heure. Comme spécimen, dix lames de verre contenant chacune quarante photographie avec microscope pour les examiner.

292 DALLEMAGNE (Adolphe-Jean-François-Marin), artiste peintre, né à Pontoise (Seine-et-Oise), élève de MM. Léon Cogniet, Ingres et Monvoisin; directeur de la photographie de *l'avenue de Ségur*, 9.

Portraits photographiés.

293 DELARUE (François), éditeur-imprimeur.

Rue Jean-Jacques Rousseau, 18.

1. Cours de dessin d'après Léon Cogniet et les maîtres, par Julien.
2. Etudes d'après l'antique, autographiées par Julien.
3. Cours préparatoire d'après le programme du gouvernement, par Julien.
4. Cours élémentaire de dessin, par le même.
5. Petites Etudes, par le même.
6. Grandes Etudes, par le même.
7. Groupes d'Etudes, par le même.
8. Groupes d'Etudes d'après le tableau de la Smala, par Horace Vernet, lithographiés par Julien.
9. Groupes d'Etudes d'après Powel, lithographiés par Julien.
10. Grandes Académies, par le même.
11. Les Mois d'après Brochart, lithographiés par Julien.
12. Les Saisons d'après Brochart, lithographiées par Julien.
13. Cours progressif d'ornements, par J. Carot.
14. Portefeuille des ornemanistes, par J. Carot.
15. Nouveaux modèles d'ornements, par J. Carot.
16. Grandes études d'ornements, par J. Carot.
17. Cours d'ornements, par Bilordeaux.
18. Etudes d'ornements, par Bilordeaux.

19. Petit cours gradué d'ornements, par **F. Arcaduis.**
20. Le Mémorial industriel, par Colette.
21. L'Idée, ornements à la plume, par Julienne.
22. Décoration industrielle, par Julienne.
23. Album Louis XVI, par Guilletat.
24. Nouveaux ornements appliqués à la bijouterie et l'orfèvrerie, par Guérin et Julienne.
25. Mécaniques au lavis, par F. Arcaduis, Cheneveau et **Fouché.**
26. Nouveaux modèles d'architecture, par Cheneveau
27. Etudes variées de dessin linéaire, par Cheneveau.
28. Etudes d'architecture au lavis, par Tripon.
29. Nouvelles maisons de campagne de Paris et ses **environs.**
30. Leçons de dessin appliqué au paysage, par Calame.
31. L'Etude du paysage, par Calame.
32. Œuvres de Calame.
33. Les Forêts et Montagnes, par Calame.
34. Sites de paysage, par Calame.
35. Tableaux, par Calame.
36. Paysages (la Campagne).
37. L'Album, par Ferogio.
38. Le Peintre de paysage, par divers **auteurs.**
39. Cours de paysage, par Hubert.
40. Nouveau cours progressif de paysage, par **Hubert.**
41. Etudes de paysage, par Jacottet et Vanderburch.
42. Promenades pittoresques par Ferogio.
43. Une année de voyage, par Ferogio,
44. Episodes, par Ferogio.
45. Excursions pittoresques, par Jacottet.
46. Compositions de genre, par Grenier et **Valerio.**
47. Etudes et motifs, sujets de genre, par Grenier.
48. Cours d'animaux, par Adam.
49. Etudes d'animaux, par Mlle Rosa Bonheur.
50. Etudes d'animaux, par Gongembre et Bracquemond.
51. Grandes études d'animaux, par Gongembre.
52. La Flore industrielle, par Ch. Labbé.
53. Petits bouquets, fleurs et fruits, par Grobon et **Pascal.**
54. Nouveau cours de fleurs et fruits.
55. Grands bouquets de fleurs, par Redouté et **Grobon.**
56. Henri III et le duc de Guise à Blois, d'après le **tableau** du Luxembourg, par Comte, gravé par Gautier.
57. La reine de Saba vient visiter Salomon, et David **revient** vainqueur de Goliath, d'après Schopin, gravé **par** Gautier.
58. Naples au XIVᵉ siècle et Rome au XVIᵉ siècle, d'après Gendron, gravés par feu Rollet et Ledoux.
59. Rubens peignant la femme au chapeau de paille, et **Van-**

dyck quittant Rubens pour se rendre en Italie, d'après
de Kayser, gravé par Cornilliet.

60. Christ et Vierge d'après Merle, par Julien.
61. La Demande en mariage et Visite des grands parents,
d'après Merle, gravé par Annedouche et Cotin.
62. Les Vacances, d'après Trayer, gravé par Annedouche.

294 DESHAYES (CHARLES-FÉLIX-EDOUARD), peintre et dessinateur, né à Toulon, élève de M. Sénéquier, professeur de dessin à l'école de la marine de Toulon.

Méd. 3ᵉ cl., Beaux-Arts appl., 1863, Paris.

1. Ensemble des appareils, machines, etc. employés à l'élévation et à la distribution des eaux d'une propriété à M...
(en Espagne). Peinture à l'huile.
2. Dessin au lavis, représentant, en élévation et en profil,
une machine servant à imprimer les billets de chemins de
fer.
3. Dessin lavis représentant en élévation et en profil une
machine servant à compter les billets de chemins de fer.
4. Dessin au lavis, représentant en élévation et en profil une
machine employée à timbrer les papiers d'affaires et autres
(à timbre sec et humide).

295 DOPTER (Madame veuve) et fils aîné, imprimeurs-éditeurs d'imagerie.

Rue Madame, 29.

Imagerie et impressions d'estampes.

296 DUSACQ (PIERRE-JULES) et Cie, éditeurs d'estampes.

Boulevard Poissonnière, 10.

Etudes pour tous les genres de dessin.

Planches des ouvrages ci-dessous désignés :

Grandes études : Têtes, bustes et académies drapées, sujets religieux et autres, lithographiés aux deux crayons d'après
les maîtres anciens et modernes, par Michele Fanoli.
Grands groupes religieux, par MM. Fanoli, Em. Lassale, Lafosse.
Petits modèles religieux, par MM. G. Barry et Fanoli.
Académies religieuses drapées, par Joseph Félon.
Petits types religieux. par le même.
Etudes-portraits d'hommes célèbres, par MM. Fanoli, Lafosse,
Lassalle, Marin, Lavigne.

Etudes d'animaux :

Le Bocage, études d'oiseaux choisis, par Ed. Traviès.
Grandes études de chevaux d'après nature, par M. Victor
    Adam.
Les étalons remarquables, par Hipp. Lalaisse.
Les chevaux français, par le même.
Animaux domestiques et indigènes, dessinés et lithographiés
    par Verboeckhoven et Mlle Rosa Bonheur.

Etudes pour le paysage :

Cours complet et progressif de paysage, par M. P. A. Jean-
    niot.
Croquis pittoresques, par A. Pelletier.
Promenades pittoresques, par MM. Jacottet, Blanchard et
    Jeanniot.
Sites remarquables, par A. Pelletier,

Etudes de fleurs :

Fleurs variées, par Mme Elisa Champin.
Fleurs spéciales, par Mme Elisa Champin.
Recueil de fleurs, par Guénebaud.

Etudes pour l'ornement :

Ornements d'architecture ancienne, Roux aîné.
Etudes d'ornementation architecturale, par MM. Plantar et
    Jules Sevre.
Modèles d'ornements pour l'architecture, la sculpture et l'in-
    dustrie, par Julien.
Ornements industriels de style Louis XVI, par J. Vibert, d'a-
    près les ornements originaux de Pillement.

Gravures au burin et à la manière noire :

Saint Augustin et sainte Monique, sa mère, gravé par A. Beau-
    grand; d'après Ary Scheffer.
Le Christ au jardin des Oliviers, gravé par Clément, d'après
    Ary Scheffer.
Françoise de Rimini et Paolo, gravé par Calamatta, d'après
    le même.
Mignon regrettant sa patrie, gravé par Aristide Louis, d'après
    le même.
L'Innocence, gravé par A. Louis, d'après Greuze.
L'amour maternel, gravé par Bonaldi, d'après Corrège.
La Vierge à la chaise, gravé par Calamatta, d'après Raphaël.

297 GASTÉ (Louis), imprimeur-lithographe.

Méd. 2ᵉ cl. Beaux-Arts appl. 1863, Paris.

Rue du Faubourg-Saint-Denis, 162.

Epreuves chromolithographiques.

298 GAZETTE DES BEAUX-ARTS, courrier européen de l'art et de la curiosité.

Rue Vivienne, 55.

Cadre contenant un choix de gravures publiées par la *Gazette* :

Romulus emportant les premières dépouilles opimes, par M. E. Rosetto, d'après M. Ingres.

La *Source*, — l'*Angélique*, par M. Léopold Flameng, d'après M. Ingres.

L'*Innocence*, par le même, d'après Prud'hon.

Marguerite à la fontaine, par le même, d'après Ary Scheffer.

La *Halte*, par le même, d'après M. Meissonnier.

Jeune fille, par le même, d'après M. Amaury-Duval.

Epreuves de planches gravées par MM. Jules Jacquemart, Dieu, Soumy, F. Gaillard, Léon Gaucherel, etc.

299 GIRARD (Barthélemy-Alexis), graveur héliographique.

Rue Louis-Philippe, 16, *à Neuilly, et chez M. J. Bernard, rue de Rivoli*, 77.

Plastique :

Chemin de croix, réduction directe d'après nature.

Bas-relief d'une des façades latérales du Palais de Justice de Marseille, d'après nature.

Exposition de Céramique en 1855, vue prise directement sur nature.

Gravure et reproduction :

La mise au tombeau de Rembrandt, fac-simile.

Première pensée du tableau de la Belle Jardinière, par Raphaël, tiré de la collection de M. J. Charvet, fac-simile.

Portrait d'homme, d'après nature.

Portrait de femme, d'après nature.

300 GUIOT (Hector), professeur de dessin au lycée de Chaumont (Haute-Marne).

A Chaumont.

Etudes sur la projection des ombres, servant d'éléments de lavis à l'usage des élèves architectes, des employés des ponts-et-chaussées, etc., ouvrage élémentaire composé spécialement pour les établissements d'instruction publique.

301 HANGARD-MAUGÉ (Étienne-Isidore), imprimeur chromolithographe.

Méd. 1re cl., Beaux-Arts appl., 1863, Paris.

Rue Honoré-Chevalier, 5.

1º 2 planches tirées de *l'Art égyptien* d'après M. Prisse d'Avennes, ouvrage publié sous les auspices du ministre d'État.

2º 15 planches tirées des *Arts somptuaires*, ouvrage renfermant 321 planches en lithochromie, publié par M. Hangard-Maugé.

3º 6 planches tirées des *Fleurs du ciel.*

4º 6 planches de *La légende de sainte Ursule*, lithographiées par Kellerhoven.

5º 2 planches, tapisserie de Chine, xve siècle, lithographiées par Kellerhoven.

6º 1 planche, *Le triomphe du Christ*, lithographiée par Moulin, publiée par MM. Hangard-Maugé et Moulin.

7º 1 planche, ornements de la Wilhelma du roi de Wurttemberg.

8º 1 planche, la *Descente de la Croix*, dessinée par Schultz, d'après Angelico de Fiesole, lithographiée par Kellerhoven.

9º 1 planche, *Le Mariage mystique de sainte Catherine*, dessinée par Schultz d'après Hemling, lithographiée par Kellerhoven.

10º 1 planche, *L'Adoration des Mages*, dessinée par Schultz d'après Hemling, lithographiée par Jehenne.

11º 2 planches, *La Nativité et la Présentation au temple*, dessinées par Schultz d'après Hemling, lithographiées par Jehenne.

302 IAGER (Pierre-Joseph), constructeur géographe.

Méd. 3e cl., beaux-arts appl., 1863, Paris.

Rue Belhomme, 4 (Montmartre).

Table et tableau cosmo-géographique.

303 JAILLY (Joseph-Alexandre), dessinateur et imprimeur autographe.

Rue Oberkamf. 7.

Dessins autographiés.

304 LAMBERT-THIBOUST, Jeune et Cie**, photographie, phototypie, et sculpture religieuse.**

Rue Notre-Dame-des-Champs, 56.

Cadre contenant des reproductions photographiques et phototypiques.

Deux autres cadres contenant de la sculpture religieuse.

305 LATOISON-DUVAL (Charles), artiste peintre.

A Lagny (Seine-et-Marne).

1. Scènes d'Enfance; motifs pour éventails.
2. Premières notions de géométrie usuelle pour les enfants.

Série de 14 planches avec texte séparé.

(Album offert en 1863 à S. A. le Prince Impérial.)

3. Éléments de dessins linéaires appliqués à l'enseignement professionnel des jeunes filles.

Série de 24 planches avec texte marginal.

306 LAVAUD (Henri-Louis), artiste peintre et photographe.

Rue des Filles-du-Calvaire, 17.

1. Cadre contenant neuf portraits, parmi lesquels se trouvent ceux de Corot et de la comtesse de Dannerr.
2. Cadre contenant six modèles de lustres de la maison Robert, un modèle de la maison Royer, et deux modèles de cadre et d'ornements de la maison Marcq.
3. Cadre contenant neuf modèles de lustres de la maison Lacarrière.

307 LEROUX (Louis), dessinateur chromolithographe.

Rue du Roi de Sicile, 62.

Dessins chromolithographiés, exécutés à la plume.

308 LEROY (Alphonse), graveur.

Méd. 3e cl., Salon de 1853. — Méd. 3e cl., Exp. univ., 1855, Paris. — Rappel, Salons de 1857 et 1863.

Rue Saint-Lazare, 134.

Projet pour l'exécution d'un cours de dessin : gravures, *fac simile* des dessins originaux des grands maîtres.

1	D'après Van Dyck.........	Collection	Gatteau.
2	— N. Poussin..........	—	Louvre.
3	— Perrugin...........	—	Gatteau.
4	— Claude Lorrain.....	—	Despérez.
5	— Raphaël...........	—	Louvre.
6	— Paul Véronèse.....	—	Louvre.
7	— Rembrandt.........	—	Norblin.
8	— André del Sarte....	—	His de la Salle.
9	— Léonard de Vinci...	—	Despérez.
10	— Raphaël	—	Reiset.
11	— Rubens............	—	Louvre.
12	— Perrugin..........	—	His de la Salle.
13	— Corrége...........	—	Louvre.
14	— Raphaël..........	—	Reiset.
15	— Léonard de Vinci...	—	Louvre.
16	— Paul Véronèse.....	—	Louvre.
17	— Raphaël..........	—	Louvre.
18	— Raphaël..........	—	Louvre.
19	— Mantegna..........	—	Gatteau.
20	— Luini.............	—	His de la Salle.
21	— Raphaël.·........	—	Reiset.
22	— Corrége..........	—	Louvre.

309 LÉVY (A), libraire-éditeur.

Rue de Seine, 29.

1. Les Douze Apôtres, émaux de Léonard Limousin, conservés dans l'église Saint-Pierre à Chartres, gravés par Alicaume.
2. Costumes historiques italiens, français et allemands des XIIe, XIIIe, XIVe et XVe siècles, dessinés et gravés par Paul Mercury.
3. Costumes historiques des XVIe, XVIIe et XVIIIe siècles, dessinés par Le Chevalier Chevignard, gravés par Léopold Flameng, Lallemand, etc.
4. Planches du *Moniteur de l'ameublement*, journal du confort, par A. Sanguineti.
5. Planches des villas, maisons de ville et de campagne, composées sur les motifs des habitations de Paris moderne dans les styles des XVIe, XVIIe, XVIIIe et XIXe siècles, et sur un choix des maisons les plus remarquables de l'étran-

ger, par Léon Isabey, architecte, inspecteur des **Palais** impériaux, et Leblan, architecte, dessinateur.

6. Planche de : *Les plus excellents bastiments de France*, par Jacques Androuet du Cerceau.

310 LIEVRE (EDOUARD), peintre , dessinateur, graveur.
Boulevard Saint-Martin, 27.
Reproduction par la gravure des ouvrages d'art.
Cadre de gravures représentant les objets d'art ci-dessous désignés, à côté du nom de leurs propriétaires.

1. Meuble Renaissance (Musée du Louvre).
2. Meuble allemand (Musée du Louvre).
3. Cuirasse Renaissance (collection de M. le baron Salomon de Rothschild).
4. Détails, meubles (Musée du Louvre).
5. Bouclier (collection de M. le baron Salomon de Rothschild).
6. Epée et casque (collection du même).
7. Aiguière émail de Limoges (Musée du Louvre).
8. Plat émail de Limoges (Musée du Louvre).
9. Verre faïence, couteau persan (collection de M. le baron Salomon de Rothschild).
10. Détails, meuble Renaissance (Musée du Louvre).
11. Meuble allemand (Musée du Louvre).
12. Lampe persane et plat (collection de M. le baron Salomon de Rothschild).
13. Arme persane (collection du même).
14. Aiguière persane   id.
15. Couteaux persans   id.

311 LUNDY (JULES), dessinateur.

Rue Sainte-Anne, 23.

Filiation de l'ecriture depuis les temps les plus reculés jusqu'à l'apparition de l'imprimerie (68 *fac-simile*).
Dessins pour la collection orientale. — Dessins de divers genres : — Armoiries. — Types du Conseil ou Sceau de France.

312 MARLÉ (CHARLES-ALPHONSE), photographe.

Boulevard Saint-Martin, 29.

Epreuves photographiques.

313 MARLIER (Charles), graveur.

Avenue de la Procession, 27, (au Raincy).

Nouvelle méthode d'ortographe pour tous.

314 MOULIN (Sainte-Marie-Hardouin-Hippolyte), lithographe.

Méd. 1re cl., Beaux-Arts appl., 1863, Paris.

Rue Saint-Antoine, 90.

Spécimens de chromolithographie : Diplôme allemand, Miniatures du xive siècle, Frontispices, Vierge russe, Page du texte du manuscrit du Saint-Esprit, Triomphe du Christ.

315 MULNIER (Ferdinand), peintre et photographe.

Boulevard des Italiens, 25.

Portraits photographiés.

316 OPPERMANN (Charles-Alfred), ingénieur des Ponts-et-Chaussées.

Rue des Beaux-Arts, 11.

Planches lithographiées.

317 PÉGUÉGNOT (Auguste), graveur, né à Versailles, élève de M. Cicéri, père.

Ment. hon. (gravure), Salon de 1857. — Méd., 1858, Rouen. — Méd. 2e cl., Beaux-Arts appl. 1863, Paris.

Rue des Acacias Montmartre, 37.

Trois cadres contenant des planches de l'ouvrage en neuf volumes, gravés par M. Péguègnot :
Ornements, vases et décorations d'après les maîtres.

318 PIGAL (Edme-Jean), artiste peintre, né à Paris.

Méd. 3e cl. (genre historique), Salon de 1834.

Rue du Faubourg-Poissonnière, 158.

Dessins au crayon Conté sans hachures.

319 QUETIN (Victor-Joseph), dessinateur, éditeur du journal le *Magasin de meubles*.

Rue du Faubourg Saint-Antoine, 55.

Dessins de meubles, lithographies.

320 RABINO (Barthélemy), professeur de langue italienne.

Rue de Charenton, 91.

Machine pour enseigner les mathématiques au peuple.

321 RIESTER (Martin), dessinateur et graveur, né à Colmar (Haut-Rhin), élève de M. G. Zipélius, dans les ateliers de M. Zuber, à Rixheim.

Méd. 1re cl. et mention pour mémoire (coopérateur), 1855, Exp. univ., Paris. — Méd., arts ind., 1856, Bruxelles. — Méd. d'excellence, même Exp. 1857. — Rappel, 1861. — Méd. d'argent, arts ind., 1861, Paris.

Rue Saint-Antoine, 222.

Dessins et gravures d'ornements pour étiquettes, vignettes d'actions, de diplômes; compositions et autographie pour principes d'ornements, vitres gravées, etc.

322 ROUSSET (Ildefonse), artiste photographe, éditeur du *Tour de Marne*.

1. *Le Tour de Marne*, volume in-4°, relié, texte d'Émile de La Bédolière, photographies d'Ildefonse Rousset, impression de Claye sur vélin des fabriques du Marais.
2. *Le Tour de Marne*, par les mêmes coopérateurs, volume in-18.
   (Ces deux éditions, avec les photographies qui peuvent en être extraites, se trouvent à la Librairie internationale, boulevard Montmartre, 15.)

323 VADOT (Joseph), imprimeur lithographe.

Rue Lafayette, 103.

Épreuves lithographiques obtenues par un nouveau procédé, consistant à allier la taille douce à la lithographie, et imprimées sur papier sec.

324 ZAMOR (Emmanuel-Hubert), dessinateur lithographe.

Rue des Filles-du-Calvaire, 23.

Dessins lithographiés de meubles, tentures et menuiserie.

325 ZINK (René), peintre et sculpteur.

Rue Sainte-Elisabeth, 14.

Modèles en plâtre pour l'enseignement du dessin et de la sculpture.

—

Les notices d'un certain nombre d'exposants qui se sont inscrits depuis la rédaction de ce catalogue, paraîtront dans un prochain supplément.

Ce supplément fera aussi connaître les noms des artistes et des fabricants qui ont pris part aux divers concours ouverts par l'Union centrale, dès que le jury se sera prononcé sur les envois des concurrents.

TABLE ALPHABÉTIQUE

DES

NOMS DES EXPOSANTS

AVEC

INDICATION DE LEUR NUMÉRO D'ORDRE

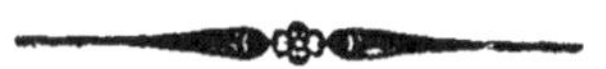

LISTE

DE

MM. LES COLLECTIONNEURS QUI ONT, JUSQU'A CE JOUR, PRÊTÉ DES OBJETS D'ART POUR FORMER LE

MUSÉE RÉTROSPECTIF

MM.
Abadye.
Agaisse.
Aigoin.
Alexandre.
Allemans (marquis du Lau d')
André (Ernest).
Armaillé (comte d').
Arosa.

Bach père.
Bach (Léon).
Bastard (Mme la baronne de).
Bastard (comte de).
Basilewski (comte).
Baur.
Bérard.
Berthon.
Beurdeley.

MM.
Beaucorps (de).
Belleyme (de).
Beuret (général).
Bilco.
Boissieu (baron de).
Brion.
Boilly (Léon).
Bourouet.
Bonnaffé.
Bonnaffé (Mme Gustave).
Bouvenne.
Buon.
Burty.

Cars (Mme la comtesse des).
Castellani.
Caubry (de).
Charvet.

MM.
Chocqueel.
Clere (marquis de).
Colar (abbé).
Colombani.
Coqueret.
Cottier (Mme Maurice).
Courcelle.
Court (Mme).
Crémieux.
Crémieux (Mme Amélie).
Czartoryska (princesse Iza).
Czartoryski (prince).

Darcel.
Dauriac.
Davilliers.
Delaborde (H.)
Delaherche.
Delange.
Delessert (Mme Gabriel).
Demachy.
Destailleurs.
Desvallières (baron).
Didier.
Double.
Duplessis.
Dutuit.
Duval-Lecamus.
Duval (Mme Fernand).
Duvauchel.

Estampes (comte d').
Etienne.

Fau (Henri).
Fau (Joseph).
Fichet
Fleuriot.
Fleury.

MM.
Forget.
Forgeron.
Fourau.

Galichon.
Ganay (marquis de).
Gasnault.
Gatteaux.
Gaudet.
Gauthier.
Germeau.
Giuliani.
Glaize.
Gouellain.
Grave (de).
Grimot.
Guérard.
Guichard.

Henry.
Henin (prince d').
His de Lassalle.
Hoffmann.

Jacques.
Jacquemart (Jules).
Jacquemart (Albert).
Jarves.
Jollivet (Mme).
Jubinal (Ach.).
Juste.

Labarthe (Jules).
Labouchère (P.-A.)
Laffitte (Ch.).
Lagrange (de).
Lahante (de).
Lambin.
Lance.

MM.

Lavalette (comte de).
Lavalette (marquis de).
Lavinée.
Lecarpentier.
Lechevalier-Chevignard.
Lecomte.
Lemeunier.
Lepel-Cointet.
Leroux.
Leroy-Ladurie.
Liesville (de).
Loubitz (de).
Louvrier de Lajolais.

Maillet du Boullay.
Malinet.
Martin (Adolphe).
Maurice (de Saint-).
Mayer.
Maystre.
Mazaroz.
Métairie.
Miallet.
Michelin.
Minot.
Mobilier de la Couronne.
Moisson.
Mombro.
Monbrison (de).
Monville (de).
Mordret.
Moreau.
Mornay (comte de).
Mornay (marquis de).
Mouchy (duc de).

Nieuwerkerke (comte de).
Nollet.
Nolivos (de).

MM.

O'Connell (Mme).
Oppermann.
Orville.

Parguez.
Pascal (Mme Michel).
Patrice Salin.
Penchaud (Ch).
Périlleux-Michelet.
Picard.
Pichon (baron Jérôme).
Piogey (docteur).
Prudhomme.

Recappé.
Rigny.
Rimbault (Mme).
Rivet.
Robert.
Roth.
Rothschild (baron Alph. de).
Rothschild (baron James de).
Rothschild (baron Gust. de).
Roussel (Mme).
Rouzé.

Sajou.
Sampson.
Schmidt.
Schwiter (de),
Signol.
Spitzer.

Tainturier.
Taigny.
Techener.
Thayer (Amédée).
Tusseau (vicomte de).

<table>
<tr><td>

MM.
Valpinçon.
Valtat.
Van Clef.
Van Kuyck.
Villestreux (baron de la).

</td><td>

MM.
Yvon (comte d').

Walferdin.
Warnet.
Wasset.
William.

</td></tr>
</table>

Paris. — Typ. Walder, rue Bonaparte, 44.

SOUS PRESSE :

CATALOGUE

DU

MUSÉE RÉTROSPECTIF

D'OBJETS D'ART & DE CURIOSITÉ

Ouvert par l'Union centrale au Palais de l'Industrie

(PREMIER ÉTAGE)

PARIS. — TYP. WALDER, RUE BONAPARTE, 44.

9 782329 609188